venez toutes bloguer sur
www.lesparesseuses.com

La lunch box
des paresseuses

Marie Donzel

La lunch box des paresseuses

MARABOUT

Pour ma fille Ellé Anna
et pour ma sœur Anne.

Sommaire

Avant-propos

Pourquoi ce guide va vous aider

Scrrrrruuuu ggggrrr lougłouk glouk... Quel est ce curieux borborygme qui s'élève dans la salle de réunion du 17ᵉ étage de la tour Topbusiness à l'heure où Madame X présente dignement les chiffres du premier semestre, PowerPoint à l'appui ? Y a-t-il quelqu'un dans la salle qui cache dans son attaché-case un antique modem des années 1990 ? Y a-t-il un ornithorynque échoué dans les canalisations de l'immeuble ? Ou bien est-ce seulement l'estomac de Madame X qui prend la parole sans y avoir été invité ? *Scrrrrruuuu ggggrrr lougłouk glouk*, déclarent solennellement les entrailles de Madame X entre la *slide* « Bilan comptable » et la *slide* « Orientations budgétaires ». En interprète multilingue à la légendaire perspicacité et à l'inénarrable franc-parler, l'adjoint de Madame X s'exclame : « La vache, t'as la dalle, toi ! »

Il est effectivement midi vingt et Madame X a faim. Pour remédier à ce problème, plusieurs options s'offrent à elle. Il y a la cantine d'entreprise où elle peut avoir la chance de manger une semelle-frites molles 5 jours/7 en compagnie de son collègue du 14ᵉ étage convaincu qu'elle lui fait du gringue quand elle lui demande de lui passer le sel. Il y a la boulangerie d'en bas où, après avoir fait 40 minutes de queue au milieu d'une nuée d'étudiant(es) volubiles, elle pourra acheter le sandwich thon-mayo spongieux et le millefeuille fané qui saloperont son tailleur de miettes grasses. Il y a la brasserie du coin où elle pourra se faire servir un croque-madame à 3 600 calories avec une poignée de frisée vinaigrette. Il y a le resto gastro du quartier d'où elle sortira 3 heures plus tard, à peu près aussi fraîche et légère que de chez sa belle-mère un dimanche à 16 heures…

… Ou bien il y a la lunch box. Une vraie petite gamelle *home-made* version chic fille avec entrée-plat-dessert. Des portions sur mesure de vrais bons petits plats frais et équilibrés, à avaler sur le pouce en checkant ses mails ou à savourer à l'aise sur un banc ou sur l'herbe du jardin public. Un budget « déjoboulot » qui mincit aussi sûrement qu'une paresseuse qui mange sainement…

Envie de passer à la lunch box ? Ce petit guide est fait pour vous apporter une centaine d'idées de menus variés, faciles à préparer et à emporter. Des salades et des sandwichs, des mélis-mélos et des tartines, des roulés et des fourrés, des p'tits pots et des gâteaux, des chaussons et des farcis, des dips et des cookies, des wraps et des snacks… Entrez dans un monde à picorer, apprenez à lunch-boxer !

1

Comment passer à la lunch box sans prendre une gamelle

De la gamelle à la lunch box, brève histoire du déjoboulot

Soyons claires : la gamelle n'a pas toujours été la meilleure copine des femmes. Au temps où elles ne travaillaient pas (enfin, comprenez au temps où elles étaient de vraies oisives qui passaient leurs journées à popoter, à lessiver à la main et à récurer le plancher à genoux pendant que leur brave époux travaillait, lui, pour de vrai, à la mine), la gamelle était le symbole du mariage, à l'équivalent de l'alliance. En avoir une, c'était, pour un travailleur, le signe qu'une petite femme prévoyante veillait aux fourneaux et pensait avant chaque nouvelle journée au casse-croûte de Monsieur. Pour ceux qui n'avaient pas de bobonne au foyer, une sœur ou une mère faisait parfaitement l'affaire pour remplir la gamelle.

Longtemps, la gamelle a été, comme l'indispensable gourde contenant le gros rouge coupé à l'eau, en fer, matière robuste, réputée pour ses qualités isothermes et susceptible d'être posée sur une flamme pour un éventuel réchauffage. Certaines gamelles anciennes, que vous pourrez chiner dans les brocantes, sont de vraies ancêtres de la lunch box : compartimentées et à étages, elles permettaient de caser un repas entier, entrée, plat, fromage et dessert, sans rien mélanger. Et pour que les petits plats ne versent pas pendant le trajet à pied, à vélo ou à mobylette, les gamelles d'antan comportaient toutes un système de fermeture hermétique, le plus souvent sous forme de clenche à bascule éventuellement renforcée par une ceinture de cuir. On emportait le pain à part, en grosse miche logée dans un torchon.

Et puis, le travail rémunéré des femmes s'est généralisé en même temps que les rythmes et habitudes alimentaires se sont transformés. La gamelle s'est raréfiée. Les cantines d'entreprise ont fleuri, de petits (et moins petits) restaurants se sont installés dans les quartiers d'intense activité, les bistrots et fast-foods se sont fait une clientèle d'habitués, les boulangeries ont développé une offre de sandwichs et salades à emporter. Le déjoboulot et le repas à la maison ont pris des itinéraires séparés... Même si la tradition du panier pique-nique s'est perpétuée, ici et là, chez les écoliers de nombreux pays, notamment germaniques et anglo-saxons.

Peu ou pas de gamelles, des années 1970 aux années 2000 : débarquer au bureau avec son reste de bourguignon de la veille, sa baguette entamée et son quartier de clacos coulant s'est étonnamment très peu fait à la Défense ou dans les buildings de Manhattan pendant trois décennies ! Ne riez pas, ça se fait de nouveau aujourd'hui, et c'est même le top du chic !

Car, oui, il en va ainsi de tout ce qui a subi un jour les foudres assassines du fashionistement correct : ce qui a été relégué au rang de ringardissime prend un jour ou l'autre une éblouissante revanche (enfin, espérons quand même que ce ne sera pas le cas de la boucle d'oreille asymétrique des eighties). Par la grâce d'un épatant retournement de situation, ce sont les femmes qui ont rendu à la gamelle ses lettres de noblesse. Tandis que l'esprit world food faisait déferler le bento japonais sur tout l'Occident, New-Yorkaises à talons hauts, Parisiennes en trench ceinturé, Madrilènes au brushing parfait, Londoniennes de la City redécouvraient le goût du *homemade* au bureau en relookant la gamelle : ainsi (re)naissait, il y a quelques années, la lunch box. Joyeuse et pratique, facile à glisser dans un cabas griffé, diététique et variée, la lunch box est au déjoboulot ce que le jean est à la mode : la fabuleuse aventure d'un basique, à la fois simple et chic, qui traverse enfin les générations et les classes sociales et replace le sens pratique et la valeur des bonnes choses au cœur du mode de vie.

Pourquoi passer à la lunch box ?

Marre de claquer la moitié de votre salaire pour déjeuner ? Marre des frites molles de la cantoche ? Marre des blagues grasses du bistrotier du quartier ? Marre du jambon-beurre-salade flétri de la boulangerie ? Marre des fast-foods qui transforment la silhouette en bouteille de soda ? Marre de ne pas savoir de quand date la barquette de lasagnes du traiteur (et de prier pour que ce soit au moins du XXIe siècle) ?

Envie de variété ? De fraîcheur ? De nourriture saine ? Et d'un jean en taille 38, mais pas forcément en solde ? Passez sans attendre à la lunch box, qui n'a QUE des qualités !

La lunch box, c'est économique

Le premier argument des lunch-boxeuses convaincues, c'est leur porte-monnaie ! Pensez, un déj au bistrot, c'est tout de suite 15 ou 20 euros ! Même avec des tickets-resto, c'est un vrai budget. Si vous travaillez 20 jours par mois, c'est 300 euros à 400 euros qui filent discrètement mais non moins sûrement de vos poches. Le coût moyen d'un repas entrée-plat-dessert à la maison est d'environ 6 euros, et c'est à peu près le même pour une lunch box digne de ce nom. Divisez votre budget alimentaire quotidien par trois et offrez-vous plutôt de temps à autre un vrai bon resto avec l'élu(e) de votre cœur ou vos meilleures copines plutôt qu'avec les « genduburo »… Et gardez vos sous pour le fameux jean qui vous fait de l'œil en vitrine, dans la boutique sur le chemin du boulot.

La lunch box, c'est varié

La carte du japonais du coin compte à peu près 700 menus différents, mais pour une étrange raison, voilà six mois que vous prenez invariablement le C6, contenant une soupe miso, une salade de chou et des sashimis au saumon. D'ailleurs, le serveur ne vous demande plus ce que vous prendrez depuis belle lurette : un C6 et que ça saute pour la jolie fille de la douze ! Au moins, c'est sûr, grâce à vous, il y a du débit chez le jap du quartier, mais êtes-vous certaine que ce soit une très bonne idée de manger tous les jours la même chose, sans même y penser ? Savez-vous que pour que le réflexe de satiété se mette en place et que le métabolisme fonctionne bien, il faut stimuler l'appétit et se concentrer sur ce que l'on est en train d'avaler et éviter le plus possible de lasser ses papilles ? Impossible si vous ne faites pas travailler votre imagination gustative en consommant des aliments différents. Si vous commencez à popoter pour préparer votre propre lunch box, vous vous rendrez vite compte que c'est au minimum absurde et au maximum complètement désespérant de verser chaque jour les mêmes ingrédients dans votre gamelle !

La lunch box, c'est sain

Comment savoir comment a été préparé ce qu'on a dans son assiette quand on n'a pas vue sur les cuisines ? Quand on trouve un cheveu dans ses spaghettis ou un mégot dans son hachis parmentier, on se fait une idée assez précise. Mais si aucun incident de ce type ne survient, comment vérifier d'où viennent les œufs de l'omelette et quand ils ont été pondus ? Oserez-vous demander si le fondant au chocolat prétendument maison du petit resto sympa a été pâtissé sur place ou seulement décongelé et réchauffé 3 minutes avant votre arrivée ? Et la salade de pâtes du traiteur, elle est faite avec quelle mayonnaise ? Difficile de poser toutes ces questions, pourtant ni si bêtes, ni si anodines ! Car vouloir savoir ce qu'on a exactement dans son assiette est parfaitement légitime. Avec la lunch box, c'est vous qui choisissez les produits et maîtrisez la préparation. Rien d'inutile ou de mauvais pour la santé au bout de votre fourchette si vous ne l'avez pas décidé.

La lunch box, c'est diététique

Nous y voilà ! En préparant vous-même vos repas du midi, vous vous assurez aussi de leur qualité nutritionnelle et des apports énergétiques qu'ils représentent. Fin 2012, la publication d'une étude de deux chercheurs en nutrition infantile et adolescente de l'université de l'Illinois révélait un secret de polichinelle : un repas au restaurant (fast-food ou cuisine traditionnelle), c'est en moyenne 309 kcal de plus qu'un repas maison. En cause, les graisses, sucres et le sel ajoutés aux plats préparés pour les rendre plus attirants, plus immédiatement savoureux et fondamentalement plus addictifs. Et ça, c'est encore sans compter la tentation plus forte de craquer pour la mousse au chocolat de la cantine plutôt que pour la pomme verte de la corbeille de fruits. Le différentiel entre nourriture de collectivités (cantines, restaurants d'entreprise) et nourriture préparée par soi-même est moins vertigineux, mais dans ces conditions, gare à la tentation de se jeter sur le pain et les pâtes plutôt que sur les carottes râpées (souvent un peu caoutchouteuses quand elles sortent d'un emballage sous vide) et sur les blettes à l'eau (d'un glamour très restreint). En concoctant sa propre lunch box, on peut facilement donner de la saveur et de la texture aux aliments *diet* avec toutes sortes d'assaisonnements légers, mais à son goût.

La lunch box, c'est équilibré

Il n'y a pas que le compteur de calories sur lequel il est bon de garder un œil. Le bon équilibre des nutriments essentiels, protéines, glucides et lipides, a aussi son importance pour le tonus, la santé et la vivacité intellectuelle. Celles qui s'imaginent préserver leur ligne en se contentant à midi de trois tranches de jambon et d'une pomme achetées au supermarché risquent le méchant coup de barre en cours de journée et l'installation d'une vraie sensation de fatigue physique et intellectuelle sur le long terme. C'est le risque principal qu'on souligne dans les régimes hyperprotéinés très pratiqués par les femmes actives et pressées qui tiennent à garder la ligne. Une lunch box est tout sauf une « privation box » ! Le principe de la lunch box, c'est de restaurer tout simplement le bon sens alimentaire au cœur de la trépidante vie contemporaine. Car, oui, il est possible de profiter de tout ce que celle-ci a de stimulant, dont le fait de travailler est une donnée majeure, tout en gardant ou en retrouvant de bonnes habitudes alimentaires. L'engouement récent pour la lunch box est bien le signe de ce désir parfaitement naturel de pouvoir cumuler équilibre et santé avec vie active trépidante.

La lunch box, c'est un nouveau rythme

La tendance lunch box répond aussi à l'attente d'un nombre toujours plus croissant de salariés de gagner en qualité de vie. Dur, dur, en effet, de sortir d'une réunion tendue pour aller faire la queue à la cantine et déjeuner dans le brouhaha général. Pas très agréable non plus de garder l'œil sur sa montre en attendant son plat au bistrot, de peur de ne pas réussir à retourner au boulot à 14 heures pétantes. Pas cool d'avoir à choisir entre prendre le temps de déjeuner et faire un brin de soldes entre midi et deux. La lunch box, toute prête et qui vous attend sagement dans le frigo de l'étage, permet de supprimer les moments un peu pénibles d'attente à la cantoche ou à la boulangerie avec le ventre qui gargouille et le voisin de derrière qui trépigne en attendant son tour ! Elle peut aussi permettre à celles et ceux qui peuvent aménager leurs horaires de raccourcir la pause de la mi-journée pour négocier de partir un peu plus tôt en fin d'après-midi. Après tout, c'est bien le rythme qu'ont adopté nos voisins germaniques et anglo-saxons : une brève coupure en fin de matinée pour des après-midi moins longs.

La lunch box, c'est pratique et tout-terrain

Attention ! On n'est pas non plus en train de défendre le casse-croûte expédié en 3 minutes 30 derrière son écran, entre deux statuts Facebook et une compression de fichiers Excel ! La lunch box, ce n'est pas la speedy box ! On a parfaitement le droit de prendre son temps pour la savourer et on n'est pas obligées de s'attabler derrière son ordi ou sous les néons de la salle de réunion pour faire sa pause lunch box. Parce qu'elle est pratique, compacte et fonctionnelle, la lunch box va partout. Celles qui filent faire les soldes à l'heure du déj ou reviennent de la piscine peuvent pique-niquer dans le bus. Celles qui ont envie de se faire une toile à la mi-journée croqueront leurs petits plats dans la salle obscure en lieu et place de pop-corn et esquimau glacé. Celles qui ont besoin de prendre l'air iront avec leur lunch box sous le bras se poser dans un jardin public ou sur le banc d'un square. Variée pour les papilles, la lunch box est aussi distrayante pour l'esprit !

La lunch box, c'est convivial

La lunch box n'est pas réservée aux solitaires invétérées, aux timides maladives et aux bourrues qui refusent d'adresser la parole à leurs collègues en dehors des heures officielles de boulot ! La terrasse avec les copines ne vous est pas interdite parce que vous lunch-boxez : commandez un petit verre et le cafetier pourra même se proposer de vous réchauffer amicalement votre gamelle. Et puis convertissez les autres filles de l'étage à la lunch box : quand elles vous verront afficher une silhouette de star, un compte en banque dans le vert tout en dégustant un bourguignon aux effluves délirants, elles pourraient bien avoir envie, elles aussi, à leur tour de s'y mettre. Alors, gare aux battles de lunch box : à l'heure du déj, votre entreprise pourrait bien se transformer en after de Masterchef !

La lunch box, c'est écolo

La lunch box a encore une qualité non négligeable : elle participe activement à la réduction de nos emballages. Ouste, les barquettes sous vide des plats cuisinés achetés à la va-vite à la supérette. Basta, les couverts en plastique offerts par la boulangère avec la salade mixte ! Terminés, les sets jetables du bistrot… Et puis, en vous permettant de doser la juste quantité de ce que vous avez besoin de manger à midi, la lunch box favorise aussi la limitation du gâchis. Fini, l'assiette de pâtes à moitié entamée qui atterrit dans la poubelle juste parce qu'elle était trop copieuse… Et quand il y a des restes dans la lunch box, on les remporte tout simplement chez soi pour les accommoder au dîner.

La lunch box, c'est inspirant

La plus grande qualité de la lunch box, c'est qu'elle donne plein d'idées et plein d'envies. Elle stimule notre créativité et révèle nos talents insoupçonnés de vraies bonnes cuisinières, astucieuses et malicieuses, même quand il s'agit de préparer un repas sur le pouce. Elle nous donne aussi plein d'idées pour d'autres occasions, pour transformer un simple pique-nique familial en déjeuner sur l'herbe ultrachic, pour faire de nos apéros un vrai festival d'amuse-bouches originaux, pour nous essayer à la popote tradi comme à la world food… Bref, elle replace le plaisir de cuisiner et de manger au cœur de la vie de tous les jours, sans avoir à mettre les petits plats dans les grands ni à passer une demi-journée derrière les fourneaux. C'est une vraie ode à la liberté d'expression culinaire !

Comment passer à la lunch box ?

Convaincue par les vertus de la petite gamelle chic et choc ? Vous n'avez plus qu'à vous organiser un peu pour que lunch-boxer à chaque déjeuner devienne un vrai jeu d'enfant.

Équipez-vous !

Pour commencer, il va vous falloir une box, c'est-à-dire la boîte dans laquelle vous allez transporter vos petits plats. Laquelle choisir ? Les gamelles vintage qu'on trouve dans les brocantes ont un charme fou. Mais avant de les utiliser, il va falloir penser à deux ou trois petits détails qui ont quand même leur importance. La box doit être parfaitement hygiénique, ce qui signifie d'une part qu'elle doit être composée d'un matériau non toxique (gare notamment aux fonds rouillés des vieilles gamelles en acier ou aux revêtements alu en mauvais état) et, d'autre part, qu'elle doit être facilement lavable. Si elle passe au lave-vaisselle, c'est l'idéal ! Vérifiez également qu'elle est parfaitement hermétique une fois fermée : vous ne serez guère tentée de poursuivre l'expérience lunch box si votre petit plat en sauce verse dans le fond de votre cabas de marque à la première occasion. Choisissez-la légère et compacte pour qu'elle n'envahisse pas tout l'espace de votre sac et qu'elle ne vous oblige pas à choisir un matin entre le poids d'un bon gros roman captivant et celui de votre déjeuner du midi. Préférez-la compartimentée : certes on peut se bricoler soi-même un kit lunch avec des boîtes hermétiques de taille diverses et variées, mais c'est plus décourageant qu'une seule petite boîte à pique-nique dans laquelle on peut glisser trois ou quatre préparations différentes. Les boîtes spécifiquement conçues pour servir de lunch box comportent en général un grand compartiment pour le plat principal et deux ou trois petites cases pour l'entrée, le fromage et le dessert. Certaines d'entre elles sont équipées de couverts et c'est un vrai plus pour que la lunch box soit vraiment pratique et nomade.

Conseil de paresseuse

N'hésitez pas à investir d'emblée dans un duo de box : en avoir deux, ça permet d'une part de préparer son frichti à l'avance pour deux jours d'affilée et, d'autre part, d'en avoir toujours une de propre quand l'autre est au lave-vaisselle.

Organisez-vous !

La lunch box se conçoit en menus. Faites de l'intendance, prévoyez vos déjeuners de toute la semaine à l'avance. En sachant ce que vous avez prévu de manger, vous faites des courses mieux ciblées (donc plus économiques aussi), vous avez le réflexe de rechercher la variété et vous ne cuisinerez pas en catastrophe la veille au soir ou le matin au réveil (dur, dur, de se préparer une salade de pâtes à l'heure du café au lait !).

Des jokers plein les placards et le congélo

Faites le plein de tout ce qui se conserve dans vos placards ou au congélateur et qui pourra entrer facilement dans la composition d'une salade, d'un sandwich, d'une rillette, d'un snack, d'un chausson, d'un petit farci ou d'un cake.

Riz, pâtes, semoule, boulgour, quinoa, épeautre, lentilles, haricots blancs et autres céréales et légumes secs vous permettront de varier les salades et les petits plats. Petits pois, brocolis, épinards en branches et haricots surgelés y mettront de la couleur. Fonds d'artichauts, cœurs de palmiers, asperges et maïs feront twister les textures et les saveurs. Le thon, le crabe, les crevettes en boîte apporteront des protéines et de la fraîcheur.

Pensez aussi aux olives, aux câpres, aux cornichons et à tous les condiments qui donnent du caractère et exhaussent les goûts. Faites dans la variété pour tout ce qui sert à assaisonner : des huiles de toutes sortes, noix, noisette, olive, sésame, avocat, pistache, parfumées à la truffe ou aux cèpes ; des vinaigres chics en veux-tu en voilà, xérès et balsamique, framboise, groseille, cidre ou miel ; et toutes les épices de la création, poivre et baies roses, cardamome, girofle, poudre de réglisse et de gingembre, graines de coriandre, cannelle, fenouil, marjolaine, origan…

Conseil de paresseuse

Ne négligez pas d'avoir en permanence sous la main de la farine et de la levure pour cuisiner au pied levé des petites gourmandises salées et sucrées dont les recettes de base sont hyperfaciles à maîtriser.

Un frigo bien garni

Direction le rayon frais du supermarché où il fait souvent bon enfiler une petite laine avant de s'aventurer.

Permettez-vous la charcuterie : le jambon blanc ne nuit pas à la ligne et c'est un indémodable du sandwich, les jambons crus de Bayonne, d'Aoste ou d'ailleurs, la viande des Grisons, le bacon et la rosette, font des merveilles dans les lunch box.

Ne boudez pas non plus les produits de la mer : les poissons fumés, le tarama, les anchois marinés, le surimi agrémentent volontiers les petits mets.

Passez par la case produits laitiers pour remplir votre frigo de yaourts et fromages frais qui feront des desserts express dans votre lunch box, le jour où vous aurez la flemme d'en faire plus. Ils vous permettront aussi de préparer des sauces *light* et de cuisiner des moelleux à toute vitesse.

Les fromages ont aussi tout bon dans la lunch box : un morceau de comté tout nu termine un pique-nique en beauté, mais les bûches de chèvre et le roquefort, le parmesan, la feta, la mozzarella et les tranches de raclette, le gouda et le reblochon et tant d'autres encore peuvent entrer dans plein de petites recettes gourmandes à essayer.

Le plein de fraîcheur (et d'idées) chez le primeur

Pour avoir toujours de bonnes idées et manger toute l'année sain et frais, rien ne vaut le primeur ! Profitez des produits de saison, ils sont moins chers que ceux qui arrivent par avion et ils stimulent la créativité : cerises en juin et fraises en juillet, à croquer tout simplement ou à cuisiner en dessert ou en sucré-salé, pommes et poires d'automne, courges d'hiver… Selon la période de l'année, remplissez votre panier de carottes, de chou-rave, de betterave crue, de fenouil, de radis, de petites pommes de terre, de patate douce, de céleri, de poireau… Pensez aussi à avoir toujours à portée de main des oignons, de l'ail et des échalotes, ils sont toujours utiles dès qu'on cuisine.

Conseil de paresseuse

Ne repartez jamais du marché sans une belle salade et quelques bouquets d'herbes fraîches : du persil, de la coriandre, de l'aneth, de l'oseille, de la ciboulette, du basilic, de la menthe, de la sauge, de la citronnelle…

Un détour par la boutique bio

Faites aussi un saut de temps en temps à la boutique bio. On trouve dans ces échoppes une foule de produits naturels qu'on n'a pas toujours l'habitude d'utiliser et qui changent des saveurs et des textures habituelles : les graines germées et les pousses de soja font craquer les sandwichs et diversifient les salades, les flocons de céréales permettent de préparer des galettes, des crumbles et des biscuits nourrissants mais ultralégers, les purées de sésame, de pistache ou d'amande réforment la tartinade et peuvent remplacer les matières grasses dans certaines recettes, le tofu peut être délicieux (si, si !) quand il est valorisé…

Une escale chez le boulanger

La question du pain divise les lunch-boxeuses en deux écoles : celles qui ne jurent que par la baguette fraîche achetée sur le chemin et celles qui préfèrent partir avec une lunch box complète, sans avoir à faire escale à la boulangerie chaque matin. Reste que pour se fabriquer des petits sandwichs, il vaut mieux avoir toujours un peu de pain à la maison. Le pain de mie est un joker incomparable, il se conserve bien, se découpe facilement (quand il n'est pas carrément prétranché), son goût neutre en fait une base idéale pour toutes sortes de casse-croûte. Pensez aussi aux autres pains, qui ont un peu plus de personnalité tout en se conservant bien : les grosses miches de campagne, le pain bûcheron, le pain de seigle… Mais aussi les pains venus d'ailleurs : la pita, les buns à burgers, les pains suédois, le lavash d'Arménie, la *ciabatta* italienne, les *chapati* indiens, le *kolash* bulgare, les galettes de maïs mexicaines… Vous les trouverez dans les rayons « cuisine du monde » de vos grandes surfaces et en épiceries spécialisées.

Faites le plein d'idées

Pour lunch-boxer longtemps et sûrement, il ne faut pas se lasser. Gardez toujours votre petite boîte à l'esprit et glanez partout de bonnes idées pour la garnir.

D'abord, en jetant un œil dans la box des autres : « Tiens, tiens, cette coquine de Cunégonde du service marketing met des petits morceaux de pomme dans son club roquefort-jambon cru, ça me donne bien envie d'en mettre dans mes petites fougasses au fromage et aux lardons… »

Ensuite, chipez toutes les bonnes idées de vos restos préférées, et notamment celles dont les chefs débordent quand il s'agit de créer des entrées : miam ! Les tuiles au parmesan à tremper dans le caviar d'aubergine. Chic ! La petite tarte Tatin à la tomate et au balsamique. Whaow ! Le petit millefeuille croquant de radis noir au crabe !

Revisitez les recettes ! Toutes ou presque peuvent se réinterpréter façon lunch box, même les plus tradi : le cassoulet de la tante toulousaine devient une salade de haricots blancs à la saucisse croustillante, le bœuf bourguignon de mamie peut se transformer en burger *frenchy*, l'endive au jambon se relooke en petits roulés exquis…

Osez ! Faites de votre lunch box un authentique laboratoire de créativité culinaire. Permettez-vous toutes les associations qui vous tentent, le sucré et le salé, le bien-de-chez nous et l'exotique, le basique et le sophistiqué. Si c'est bof, bof, c'est sans risque, il n'y a que vous qui en aurez fait les frais ! Si c'est bon, c'est banco, vous savez ce que vous servirez samedi soir aux invités.

Que mettre dans sa lunch box ?

La lunch box, c'est *a priori* entrée-plat-dessert. Reste que comme c'est vous qui composez votre menu, c'est selon vos envies, au jour le jour. Vous avez un faible pour les hors-d'œuvre ? Faites-vous une lunch box avec rien que des petites entrées. Vous êtes un bec sucré ? Qui ira voir que vous avez utilisé le compartiment normalement réservé au fromage pour y glisser une petite douceur supplémentaire ? Faites comme vous avez envie. Retenez seulement que pour chaque compartiment de la lunch box et pour chaque étape du repas, il y a mille et une façons de voir les choses et de croquer les plaisirs de la vie.

L'entrée

Au resto comme au bureau, l'entrée, c'est le petit plaisir qui met en appétit. On la veut souvent gourmande et légère à la fois. Les légumes ont la cote, surtout chez celles qui entretiennent des rapports étroits à la balance : en bâtonnets ou râpés, en salade ou en poêlée froide, les carottes, le céleri, la betterave, les champignons, les cœurs de palmier, le concombre, le radis, le fenouil, la courgette, le poivron font chanter les papilles, pourvu qu'ils soient bien assaisonnés. Faites-vous de l'épat' à vous-même avec des vinaigrettes inventives, des mayos aromatisées, des sauces dips relevées…

Les petites tartinades ont aussi la cote pour ouvrir le festival de la lunch box : rillettes et caviars de légumes, taramas et guacamoles, beurres et mousses, tapenades et pestos ne demandent qu'à s'étaler sur un morceau de pain ou à faire faire trempette avec vos tacos, gressins, bâtons de carottes et autres fleurs de chou.

L'entrée peut aussi être plus consistante, surtout si le plat principal se résume à une salade composée. Alors, on a envie de cakes salés, de muffins fourrés, de petits chaussons surprises, de croissants gourmands, de petits flans, de terrines ou de pâtés…

Le plat

Conseil de paresseuse

Pour le plat, tout est permis… pourvu de vous souvenir quand même que la lunch box doit pouvoir voyager (au moins dans le bus ou dans le métro) et qu'elle est susceptible de se déplacer dans votre sac à main. Ce qui signifie que même si elle est normalement hermétique, les soupes et les plats qui nagent dans la sauce ne sont pas nécessairement les plus appropriés.

Tout ce qui se mange froid est bienvenu : les salades composées et les sandwichs, les viandes tranchées (porc, rosbif…) et les poissons cuits au court-bouillon. Tout ce qui se réchauffe appelle un petit état des lieux du matériel disponible au bureau : y a-t-il quelque part à l'étage un micro-ondes ? Si oui, tant mieux. Légalement, l'employeur est tenu de prévoir un emplacement permettant aux salarié(e)s de se restaurer dans de bonnes conditions. Il doit aussi équiper cet endroit d'un réfrigérateur et d'un ou plusieurs appareils pour réchauffer les aliments. Si, dans votre entreprise, ce n'est pas le cas, il est temps de rappeler, gentiment mais sûrement, votre patron à ses obligations. Sachez aussi que le nettoyage de ces installations incombe normalement à l'employeur, mais, pour que le local de restauration reste convivial, il n'est pas idiot d'établir un petit règlement incitant chacun à faire preuve de savoir-vivre : placardez un petit topo rédigé avec humour et bienveillance sur les vertus de l'éponge sur les parois du micro-ondes après mouchetage en règle par un plat de lasagnes explosif !

Fromage et/ou dessert !

Comme c'est vous qui composez le menu, faites-vous plaisir. Fromage et dessert, si ça vous tente et si ça vous chante !

Tous les fromages sont lunch-boxables, mais les plus coulants ne sont pas les plus pratiques, avouons-le. Évitez tant qu'à faire la cancoillotte franc-comtoise et préférez-lui les pâtes dures, comté ou beaufort, gruyère ou tomme.

Et, pour finir, la petite douceur : le dessert ! Une pomme toute nue, juste frottée sur une jambe de jean pour la rendre brillante à croquer, peut évidemment faire l'affaire. Comme, selon les saisons, une poignée de cerises, deux abricots, un beau brugnon, une clémentine ou une banane. Pensez aussi aux fruits dans leur version salade : c'est souvent plus motivant d'avoir des fruits déjà épluchés et coupés en dés à manger à la cuillère que de s'imaginer en train de peler une poire dont le jus dégouline jusqu'aux coudes de son nouveau tailleur de marque. L'avantage de la salade de fruits, c'est aussi qu'on peut la faire twister à l'envie avec plein de saveurs sympathiques : des feuilles de menthe ou de basilic pour la fraîcheur, des pistaches ou des amandes pour le croquant, des pépites de chocolat pour la gourmandise, du thé, du sirop ou même de la liqueur pour l'arôme… En plus ou à la place de la salade de fruits, offrez-vous un petit gâteau : une madeleine ou un cookie, un brownie ou un fondant, un moelleux ou un feuilleté… Gâtez-vous, ce n'est pas à la cantoche qu'on vous fera des faveurs ! Ici plus que jamais, la lunch box donne raison à l'adage qui veut qu'on n'est jamais aussi bien servie que par soi-même. Et toc !

Conseil de paresseuse

Pour les fromages qui ont un fumet très prononcé, faites le point sur vos relations avec vos collègues avant de vous lancer : toute la population de l'open-space ne sera pas forcément fan de votre munster ou de votre maroilles. (Pour les revendications régionalistes en rapport avec ce paragraphe, merci de contacter l'éditeur, qui fera suivre.)

Les 10 commandements de la lunch box

1. Ta lunch box, avec soin tu choisiras.

Pour lunch-boxer sans se lasser, il faut que ce soit simple ! Ne lésinez pas sur la qualité de votre box. Investissez dans du matériel fonctionnel et agréable à utiliser, qui s'ouvre et se referme sans difficulté, qui se lave presque tout seul et qui résiste aux chocs et au temps. Pensez aussi à l'aspect de votre lunch box : sa couleur, sa forme, son design doivent vous plaire et vous ressembler. Si vous n'êtes pas fière de sortir votre petit panier pique-nique en public, vous aurez vite fait de le remiser et de retourner manger des frites huileuses à la cantine.

2. Ta lunch box, sans complexes tu rempliras.

La lunch box est diététique, c'est vrai. C'est d'ailleurs une des raisons les plus convaincantes d'y passer. Mais diététique ne signifie pas vide ! Ne soyez pas radine sur les proportions que vous vous servez. Les petits compartiments de votre lunch box sont précisément conçus pour contenir la juste quantité d'aliments dont vous avez besoin pour être rassasiée : remplissez-les !

3. Ta lunch box, en toute liberté tu garniras.

Le plaisir de la lunch box, c'est avant tout celui de la variété. Tout ce que vous ne prenez jamais au resto ou à la cantine, soit parce que c'est trop cher, soit parce que vous vous méfiez de la façon dont ça a été préparé, soit encore parce que vous n'y pensez pas, a sa place dans votre box. Mangez exactement ce que vous voulez, c'est vous qui décidez du plat du jour !

4. Ta lunch box, tu équilibreras.

Plus jamais vous ne ferez des repas typiques de cantine avec croissant au jambon en entrée, steak-purée ensuite, éclair au chocolat et 3 000 kcal à la clé ! Profitez de votre conversion à la lunch box pour prendre de bonnes habitudes nutritionnelles. Le déjeuner doit représenter environ 40 % de l'apport énergétique de la journée, soit, pour une femme peu sportive, environ 700 kcal. Répartissez-les comme vous en avez envie dans votre lunch box, en retenant que nous avons toutes besoin de protéines pour faire fonctionner nos muscles, de glucides pour avoir le cerveau vif (oui, oui, bouder les féculents ne rend pas plus intelligent !) et de lipides pour reconstituer les petites réserves qui nous aident à tenir jusqu'au repas suivant.

5. Ta lunch box, tu saisonnaliseras.

Renouez avec le bon sens alimentaire : lunch-boxez de saison ! Non, non, la pizza n'est pas un plat de saison, le steak-frites non plus et le jambon-beurre, pas davantage. En fréquentant les marchés et les primeurs pour préparer vos petites gamelles, vous allez redécouvrir les vraies saveurs de la vraie tomate en été, des vrais épinards en automne, de la bonne endive en hiver, des exquises asperges au printemps… Vous mangerez plus varié, plus savoureux et moins cher !

6. De toi, une cuisinière hors pair la lunch box fera.

La cuisine, c'est comme tout : une fois qu'on a les bases, c'est la pratique qui fait la différence. Pour lunch-boxer avec aisance, remettez-vous aux fourneaux. Plus vous vous entraînerez et plus rapide et meilleure vous serez. Allez, sortez-moi cet économe du tiroir et cette sauteuse des placards ! Vous allez vite y prendre goût et oser toutes sortes de nouvelles recettes qui feront de vous un vrai cordon-bleu du dimanche… mais aussi du reste de la semaine !

7. Pour ta lunch box, d'idées tu déborderas.

Faites de votre lunch box un vrai terrain de jeux, une vraie aire de créativité : donnez-lui votre empreinte, votre style, apportez-lui de la personnalité. Explorez les différents thèmes culinaires et adaptez-les à votre lunch box : une semaine asiatique, une semaine autour de la tomate, une semaine toute verte, une semaine coquine, une semaine sans sucre… Donnez-vous des challenges et révélez votre âme de lunch-boxeuse de compèt !

8. De ta lunch box, fière tu seras !

Ne lunch-boxez pas en catimini ! Non, vous ne vous y êtes pas mise (seulement) parce que vous êtes fauchée ou parce que vous avez deux petits kilos à perdre. Vous vous y êtes convertie parce que c'est plus sain et plus quali, parce que vous aimez savoir ce qu'il y a au bout de votre fourchette, parce que vous aimez cuisiner et parce que vous avez du talent pour ça. Assumez fièrement votre choix de déjeuner autrement, d'être en phase avec vos valeurs et d'aimer fondamentalement ce nouveau mode de vie. La lunch box est un art de se nourrir à part entière et vous en êtes tout simplement le leader charismatique : la Martin Luther King du déjoboulot, c'est vous, en quelque sorte !

9. Ta lunch box, tu partageras.

Rassurez-vous tout de suite, partager n'est pas laisser tout l'immeuble se servir dans votre pitance ! Mais ne restez pas seule avec votre lunch box ! Et, surtout, n'en faites pas une computer box en prenant l'habitude de déjeuner systématiquement derrière votre écran. Accordez-vous une vraie pause à midi et jouez la convivialité avec vos collègues : simplement, au lieu d'envoyer un mail à 11 heures 53 en demandant autour de vous : « On mange où ce midi ? », envoyez un message disant : « On se retrouve toujours à 13 heures au parc ? T'as mis quoi dans ta box, toi, aujourd'hui ? »

10. À la lunch box, parfois tu dérogeras.

Les copines de l'étage ont décidé de se faire un gueuleton au petit gastro du quartier et elles partent joyeusement sans vous, qui avez décliné l'invitation au prétexte que vous avez votre frichti qui vous attend dans le fridge ? Ne vous privez pas ! Vous pouvez parfaitement faire faux bond à votre lunch box toute prête le jour où, finalement, vous n'avez pas envie de ce que vous vous êtes préparé la veille. Si elle est au frigo, elle patientera tranquillement jusqu'au lendemain. La lunch box doit rester un plaisir, ce n'est pas un sacerdoce !

2

Comment lunch-boxer en poids léger

10 menus pour mincir sans s'affamer

C'est peut-être LA première raison pour laquelle vous avez pris la résolution de renoncer aux frites de la cantoche et de passer à la lunch box : deux ou trois petits kilos accrochés aux hanches que vous rêvez de gommer sans vous priver. Bonne nouvelle : rien qu'en lunch-boxant, vous allez pouvoir redessiner votre silhouette. La nourriture maison est toujours moins riche, moins grasse, moins salée et moins sucrée que les plats préparés. En quelques semaines de déjoboulots concoctés par vous-même, vous allez naturellement vous délester de quelques kilos superflus et rentrer dans votre pantalon-test. Si vous voulez booster l'effet naturellement minceur de la lunch box, voici quelques menus ultra-*light*.

La protéine box

Le régime ultra-protéiné a la cote depuis quelques années. Il faut dire qu'il offre des résultats rapides et spectaculaires, en préservant la masse musculaire. Toutefois, il a ses défauts : frustrant et nutritionnellement incomplet, il peut entraîner de gros coups de fatigue. Ne soyez pas trop stricte : mettez des protéines dans votre box, mais n'oubliez pas les vitamines ! Ni le plaisir – surtout le plaisir !

Entrée : fashion aspics au crabe
Plat : boulettes exquises au poulet
Dessert : p'tites crèmes cacaotées

Fashion aspics au crabe

Le classique de l'œuf en gelée « comme-chez-môman » avec votre petite touche fashion-chic en plus : le crabe et les épices.

Pour 2 aspics
2 gros œufs – 1 sachet de gelée instantanée – 1 petite boîte de miettes de crabe – ½ c. à c. de baies roses – ½ c. à c. de coriandre moulue – ½ c. à c. de gingembre en poudre – une pincée de poivre, une pincée de sel.

1. Préparez la gelée instantanée en suivant les instructions du sachet.
2. Faites cuire les œufs pendant 8 minutes dans l'eau bouillante. Rafraîchissez-les pour stopper la cuisson et écalez-les.
3. Broyez les baies roses et mélangez-les avec la coriandre, le gingembre, le sel et le poivre. Incorporez aux miettes de crabe.
4. Tapissez le fond de deux ramequins avec le mélange crabe-épices. Disposez un œuf au-dessus et recouvrez de gelée.
5. Laissez prendre au réfrigérateur une nuit avant de démouler.

Le petit plus de la paresseuse
Ajoutez un quartier de pamplemousse épluché ou de l'ananas tranché pour faire twister l'aspic en sucré-salé.

Boulettes exquises au poulet

Des petites boulettes tendres et savoureuses à picorer sans complexe.

Pour 8 boulettes

2 escalopes de poulet – 2 biscottes – 1 œuf – 1 branche de persil – 1 gousse d'ail – 1 oignon – 1 c. à s. d'huile d'olive – ½ c. à c. de cumin – 2 c. à s. de parmesan râpé – sel, poivre.

1. Épluchez l'oignon et la gousse d'ail. Écrasez grossièrement les biscottes. Ciselez le persil.

2. Hachez le poulet au mixeur avec l'ail, l'oignon et l'huile d'olive.

3. Incorporez l'œuf, le parmesan et les brisures de biscotte. Ajoutez le persil, le cumin, le sel et le poivre et travaillez la farce avec les mains humides.

4. Laissez refroidir 2 heures au réfrigérateur avant de former des boulettes de la taille d'une balle de golf.

5. Dans une poêle légèrement huilée, faites cuire les boulettes pendant 5 minutes en les retournant à mi-cuisson.

Le petit plus de la paresseuse

Voyez la boulette en dips ! Préparez une petite sauce tomate froide épicée pour les tremper.

P'tites crèmes cacaotées

La petite crème de grand-mère… dans sa version chocolatée, mais allégée en sucre, qui ne fait même pas mal aux cuisses !

Pour 2 p'tits pots

2 jaunes d'œufs – 30 cl de lait – 2 c. à s. de sucre – 3 c. à s. de farine – 3 c. à s. de cacao non sucré.

1. Battez les jaunes d'œufs, le sucre et le cacao.
2. Diluez la farine dans le lait froid et incorporez le mélange œuf-sucre-cacao.
3. Faites chauffer en remuant incessamment avec un fouet jusqu'à épaississement de la préparation.
4. Répartissez dans des ramequins et faites prendre au moins 3 heures au frigo.

La box ventre plat

Non, vous n'êtes pas si ronde que ça, mais par un insondable et cruel mystère, dès que vous gobez une cerise, vous avez l'air d'être enceinte de trois mois ! Mettez la pédale douce sur les crudités qui fermentent volontiers, fuyez les boissons gazeuses et mettez dans votre box des douceurs garanties sans gonflement ni ballonnement.

Entrée : salade de légumes grillés
Plat : artichauts farcis
Dessert : énerg'yaourts

Salade de légumes grillés

Une petite entrée méditerranéenne pour avoir son content de légumes et vitamines sans digestion difficile.

Pour 2 entrées

1 petite aubergine – 1 poivron rouge – 1 poignée de tomates confites – 1 gousse d'ail – 1 c. à s. d'huile d'olive – 1 c. à s. de vinaigre – ½ c. à c. de graines de coriandre – sel, poivre.

1. Épluchez, dégermez et pressez l'ail. Mélangez-le avec l'huile et le vinaigre et les graines de coriandre. Réservez.

2. Tranchez l'aubergine dans le sens de la longueur. Émincez la courgette. Coupez le poivron en deux, épépinez-le et détaillez-le en lamelles.

3. Passez les lamelles de poivron au four en mode gril jusqu'à ce que la peau se détache. Laissez refroidir et pelez.

4. Dans une poêle chaude sans matière grasse, faites griller l'aubergine et la courgette d'un seul côté, pendant 3 à 4 minutes.

5. Laissez refroidir et arrosez de vinaigrette à l'ail et aux graines de coriandre.

Le petit plus de la paresseuse

Pour plus de gourmandise, ajoutez quelques amandes pelées (après les avoir trempées dans l'eau froide) : rassasiantes, elles apportent des acides gras insaturés sans faire gonfler.

Artichauts farcis

L'artichaut est connu pour ses vertus digestives et drainantes. Avec une bonne farce au riz complet (moins ballonnant que le riz blanc), c'est un petit plat parfait pour tenir tout l'après-midi sans avoir besoin de desserrer sa ceinture à l'heure du café.

Pour 2 artichauts farcis

2 artichauts – 60 g de riz complet – 100 g de chair à saucisse (ou de steak haché) – 1 oignon – 1 citron – 2 gousses d'ail – 2 c. à s. d'huile d'olive – 6 cl de vin blanc – 1 bouquet de persil – sel, poivre.

1. Préchauffez le four à 180 °C (th. 6).

2. Coupez le pied des artichauts et les feuilles à hauteur du cœur. Évidez le foin à l'aide d'une cuillère.

3. Pressez le citron et versez le jus dans un grand volume d'eau. Portez à ébullition. Ajoutez les artichauts et blanchissez-les pendant 5 minutes.

4. Faites cuire le riz dans l'eau des artichauts pendant 20 à 30 minutes. Égouttez et réservez.

5. Épluchez et émincez finement l'oignon. Faites-le revenir quelques minutes dans une poêle chaude légèrement huilée. Pressez l'ail. Ciselez le persil. Mélangez à la main l'oignon, l'ail, le persil, l'huile, le vin, la chair à saucisse et le riz. Rectifiez l'assaisonnement.

6. Farcissez les fonds d'artichauts. Enfournez pendant 35 minutes.

Le petit plus de la paresseuse

Faites des farces… au gré de vos envies et de ce qui vous tombe sous la main : des champignons, des tomates concassées, des lardons (à faire dégraisser avant de les incorporer), des dés de pommes…

Énerg'yaourt

Le yaourt maigre nature est un parfait aliment ventre plat… Ce qui pèche, c'est ce qu'on y met pour l'agrémenter. Oubliez les sucres et les confitures que l'organisme adore stocker. Mais osez le müesli, qui apporte des fibres sans sucres ajoutés.

Pour 1 énerg'yaourt

1 yaourt maigre nature – ½ pomme – 2 c. à s. de müesli suisse non sucré.

1. Râpez la pomme. Mélangez-la avec le yaourt.

2. Au dernier moment, ajoutez le müesli, pour qu'il reste croquant.

Le petit plus de la paresseuse

Une pincée de cannelle réussit très bien à cette recette toute simple.

La box anticellulite

Si vous cellulitez (comme la majeure partie d'entre nous), c'est que vous stockez (principalement des sucres) et que vous avez besoin de drainer. Un petit palper-rouler de temps en temps fait des merveilles, le reste du temps, optez pour une alimentation anticapitons.

Entrée : p'tits crumbles poireaux-céleri branche
Plat : flans d'aubergines
Dessert : salade d'ananas au thé vert

P'tits crumbles poireaux-céleri branche

Deux parfaits drainants, le poireau et le céleri-branche dans un petit hors-d'œuvre croquant, ça vous tente ?

Pour 2 p'tits crumbles
1 branche de céleri – 1 poireau – 30 g de parmesan râpé – 30 g de chapelure (ou de biscottes écrasées) – 1 gousse d'ail – 1 c. à s. d'huile d'olive – sel, poivre.

1. Préchauffez votre four à 180 °C (th. 6).
2. Lavez et émincez le poireau et le céleri. Faites revenir dans une poêle chaude légèrement huilée pendant 5 minutes.
3. Épluchez et pressez l'ail. Ajoutez-le aux légumes pour la dernière minute de cuisson. Rectifiez l'assaisonnement.

4. Mélangez le parmesan et la chapelure avec l'huile d'olive pour faire un « sable ».

5. Tapissez le fond de deux mini-cocottes de légumes. Recouvrez de sable. Enfournez pendant 20 minutes.

Le petit plus de la paresseuse

Pour plus de gourmandise, ajoutez de la poudre d'amandes ou des brisures de noix dans votre « crumble ».

Flans d'aubergines

Légume idéal pour déstocker, l'aubergine fait tout un flan pour vous séduire…

Pour 2 flans

2 petites aubergines – 2 œufs – 1 gousse d'ail – 2 c. à s. de crème liquide – 1 c. à s. d'huile d'olive – 1 branche de thym – sel, poivre.

1. Préchauffez votre four à 180 °C (th. 6).

2. Rincez et essuyez les aubergines. Coupez-les en tronçons de 1 cm d'épaisseur.

3. Faites-les revenir dans une poêle chaude légèrement huilée 3 minutes de chaque côté. Pressez l'ail et effeuillez la branche de thym, et ajoutez-les pour la dernière minute de cuisson.

4. Mixez les aubergines avec les œufs et la crème. Rectifiez l'assaisonnement.

5. Versez dans des ramequins et enfournez 30 minutes. Laissez refroidir avant de démouler.

Le petit plus de la paresseuse

Un petit coulis de tomate, emporté dans un petit pot à part et versé au dernier moment, sera du meilleur effet sur ces petits flans.

Salade d'ananas au thé vert

Brûlez ! Brûlez les calories et délogez la peau d'orange avec deux atouts bien connus du régime anticellulite : l'ananas et le thé vert.

Pour 2 portions

1 petit ananas victoria (ou une boîte d'ananas au sirop égoutté) – 1 citron vert – 1 sachet de thé vert – 1 c. à c. de sirop d'agave (ou de sirop d'érable).

1. Préparez le thé vert en infusant le sachet dans 10 cl d'eau frémissante. Ajoutez le sirop d'agave et le citron vert pressé.
2. Épluchez et coupez finement l'ananas en rondelles. Mouillez avec le sirop de thé vert.

Le petit plus de la paresseuse

Vous pouvez remplacer le thé vert par de la verveine.

L'apple box

Votre voisine de bureau ne mange qu'une pomme aux trois repas et menace de tomber dans les pommes justement toutes les deux heures environ ? Prenez le meilleur de sa diète (les pommes sont un aliment minceur exquis), mais apportez-y quelques protéines et lipides indispensables au bon fonctionnement de l'organisme…

Entrée : rémoulade de crudités aux pommes et au crabe
Plat : roulades de jambon aux pommes et aux champignons
Dessert : compote pomme-orange

Rémoulade de crudités aux pommes et au crabe

Marre de la simple carotte râpée ? Faites croquer les saveurs sous la dent avec cette rémoulade extra-light aux légumes, aux pommes et au crabe.

Pour 2 portions
1 carotte – 1 pomme granny – 1 petit céleri-rave – 1 petite boîte de chair de crabe – 1 pincée de piment d'Espelette – 1 c. à c. de moutarde – ½ pamplemousse – 1 c. à s. d'huile d'olive – sel, poivre.

1. Lavez et épluchez la carotte et le céleri. Rincez et essuyez la pomme. Râpez tous les légumes. Ajoutez la chair de crabe.
2. Préparez une vinaigrette avec la moutarde, le jus du pamplemousse, l'huile d'olive et le piment d'Espelette. Rectifiez l'assaisonnement.

Le petit plus de la paresseuse
Pour changer, remplacez le céleri par de la betterave crue ou du chou-rave.

Roulades de jambon aux pommes et aux champignons

Un petit sandwich où c'est le jambon qui joue le rôle du pain, pour changer et pour alléger.

Pour 2 roulades

2 tranches de jambon blanc – 1 pomme fondante (canada, reinette…) – 100 g de champignons de Paris – 1 c. à s. d'huile d'olive – 1 c. à s. de crème liquide – sel, poivre.

1. Préchauffez votre four à 180 °C (th. 6).

2. Lavez et émincez les champignons. Épluchez la pomme, coupez-la en dés.

3. Dans une poêle chaude légèrement huilée, faites revenir les champignons et les dés de pomme. Ajoutez la crème et faites réduire. Rectifiez l'assaisonnement.

4. Répartissez la garniture au centre des tranches de jambon. Roulez et piquez avec un cure-dent.

5. Enfournez pendant 10 minutes.

Le petit plus de la paresseuse

Un petit oignon rose émincé et revenu avec les pommes et les champignons ne peut pas faire de mal à la farce de ces roulades de jambon.

Compote pomme-orange

Une compote délicieusement acidulée sans sucre ajouté pour rester vitaminée sans se lester.

Pour 2 portions

2 pommes fondantes (canada, reinette, pink lady) – 1 orange.

1. Prélevez les zestes de l'orange et pressez le jus. Épluchez les pommes et coupez-les en dés.

2. Dans une petite casserole avec un fond d'eau, faites réduire les pommes avec le jus d'orange et les zestes pendant environ 20 minutes à feu doux. Mixez (ou pas).

Le petit plus de la paresseuse

Quelques raisins secs gonflés 30 minutes dans le rhum et ajoutés en fin de cuisson vous rendront baba aux pommes de cette compote !

La yaourt box

Le yaourt a tout bon quand on fait attention. Peu gras mais très rassasiant, il se mange à la petite cuillère en sucré ou en salé et allège toutes les recettes à base de crème.

Entrée : tzatziki exquis
Plat : nuggets de poulet extra-*light*
Dessert : financiers légers à la framboise

Tzatziki exquis

Un bon classique pour tremper des crudités ou à tartiner.

Pour 2 portions

1 yaourt de brebis – 1 petit concombre – 1 branche de menthe – 2 c. à s. d'huile d'olive – 1 gousse d'ail – sel, poivre.

1. Épluchez et râpez le concombre. Laissez-le dégorger dans un égouttoir pendant au moins 20 minutes.
2. Lavez et ciselez la menthe. Pressez l'ail.

3. Mélangez l'ail, la menthe, l'huile d'olive et le concombre dans le yaourt. Rectifiez l'assaisonnement.

Le petit plus de la paresseuse

Vous aimez les herbes fraîches ? Soyez sans complexe, ajoutez de la coriandre et de la ciboulette.

Nuggets de poulet extra-*light*

La recette bluffante de ma copine Jessica pour manger comme au fast-food sans prendre un gramme.

Pour 2 portions

6 aiguillettes de poulet – 1 yaourt nature – 2 c. à c. de moutarde – 4 pains grillés suédois – sel, poivre.

1. Préchauffez votre four à 180 °C (th. 6).

2. Mélangez le yaourt et la moutarde, rectifiez l'assaisonnement.

3. Broyez les pains grillés suédois au mixeur pour faire une chapelure.

4. Essuyez les aiguillettes de poulet. Trempez-les dans le yaourt puis dans la chapelure.

5. Déposez-les sur une plaque de cuisson recouverte de papier sulfurisé et enfournez 15 minutes.

Le petit plus de la paresseuse

Préparez-vous une sauce *delight* pour tremper vos petits nuggets en mélangeant un yaourt maigre avec 1 c. à s. de ketchup et des câpres au vinaigre.

Financiers légers à la framboise

Le financier dans sa version « gâteau au yaourt », aussi moelleux mais franchement moins calorique.

Pour une quinzaine de financiers (il faudra partager !)
1 yaourt nature – 1,5 pot de yaourt de farine – ½ pot de poudre d'amandes – 1,5 pot de sucre – ½ pot de beurre fondu – ½ sachet de levure chimique – une quinzaine de framboises surgelées – sucre glace.

1. Préchauffez votre four à 180 °C (th. 6).
2. Mélangez tous les ingrédients sauf les framboises.
3. Roulez les framboises dans le sucre glace.
4. Beurrez et farinez le fond d'un moule à financiers. Versez l'appareil dans les alvéoles. Ajoutez une framboise au centre.
5. Enfournez 15 minutes. Laissez refroidir avant de démouler.

La détox box

Vous avez abusé le week-end dernier ? Pas de panique ! Voici une petite box du lundi spécial détox !

Entrée : salade façon thaï de pousses et graines
Plat : dinde curry-brocoli
Dessert : mousse de kiwi

Salade façon thaï aux pousses et graines

Misez sur les graines germées de radis noir, qui aident à purifier l'organisme en faisant travailler le foie !

Pour 2 portions

1 carotte – 1 poignée de graines germées de radis noir – 1 poignée de pousses de soja – 1 pouce de gingembre – 1 c. à c. de graines de sésame noir – 1 c. à c. de nuoc man – ½ citron vert – 1 c. à c. d'huile de sésame – sel, poivre.

1. Lavez et épluchez la carotte. Pelez le gingembre. Râpez la carotte et le gingembre. Ajoutez les graines germées de radis noir et les pousses de soja.

2. Préparez une vinaigrette avec le citron pressé, le nuoc man et l'huile de sésame. Rectifiez l'assaisonnement.

3. Versez sur les pousses, germes et carottes râpées. Parsemez de graines de sésame noir.

Le petit plus de la paresseuse

Si vous n'êtes pas si d'humeur détox que ça, broyez quelques cacahuètes au-dessus de cette salade craquante aux saveurs lointaines.

Dinde curry-brocoli

De la viande blanche pour reconstituer ses forces et du brocoli pour aider le métabolisme à retrouver son équilibre.

Pour 2 portions

2 petites escalopes de dinde – 1 yaourt nature – 1 petit bouquet de brocoli – 1 pincée de curry – sel, poivre.

1. Détachez le bouquet de brocoli et rincez-le. Faites cuire à la vapeur pendant 20 minutes.

2. Préchauffez le four à 210 °C (th. 7).

3. Essuyez les escalopes et découpez-les en gros dés.

4. Faites-les mariner dans le yaourt avec le curry, le sel et le poivre pendant 30 minutes.

5. Disposez les dés d'escalope et la marinade dans un plat passant au four. Couvrez d'aluminium. Enfournez 20 minutes. Servez avec le bouquet de brocoli.

Le petit plus de la paresseuse

La même recette réussit très bien aux ailes et pilons de poulet. Laissez cuire 25 à 30 minutes.

Mousse de kiwi

Le roi des fruits détox se fait mousser pour vous régaler sans vous surcharger.

Pour 2 portions

2 kiwis – 1 œuf – 25 g de sucre.

1. Coupez les kiwis en deux, épépinez-les à la petite cuillère. Épluchez-les et mixez la pulpe.

2. Séparez les jaunes des blancs d'œufs. Dans une petite casserole à feu doux, fouettez les jaunes avec le sucre, ajoutez la pulpe de kiwi. Faites épaissir pendant 10 minutes sans cesser de remuer.

3. Coupez le feu et transvasez l'appareil dans un bol froid pour stopper la cuisson.

4. Battez les blancs en neige ferme et incorporez-les délicatement à la crème au kiwi.

5. Répartissez dans des ramequins et réservez au moins 2 heures au frais.

Le petit plus de la paresseuse

Un coulis de mangue fait twister ce dessert doux acidulé. Mixez la chair d'une mangue bien mûre avec le jus d'un citron vert et une pincée de sucre roux.

La 0 % box

Faites-vous de temps à autre un menu complet sans matières grasses… Mais pas tous les jours non plus : le corps a besoin de lipides aussi !

Entrée : rouleaux de printemps
Plat : dos de saumon vapeur aux épices
Dessert : brownie choco-fruit

Rouleaux de printemps

Frais et croquant, léger et parfumé, le rouleau de printemps est *light* à souhait. À essayer et à revisiter sans hésiter.

Pour 2 rouleaux

2 feuilles de riz (au rayon exotique des grandes surfaces) – 20 g de vermicelles de riz (idem) – 1 escalope de poulet – 2 crevettes cuites – 1 grosse poignée de pousses de soja frais – 1 branche de menthe – 1 c. à c. de sauce soja – 2 feuilles de batavia – sauce pour nems (au rayon exotique des grandes surfaces).

1. Dans une casserole d'eau bouillante salée, faites cuire les vermicelles pendant 3 minutes. Égouttez et séparez les vermicelles à l'aide d'une fourchette.

2. Essuyez l'escalope de poulet et coupez-la en fines lamelles dans le sens de la longueur. Faites-les mariner dans la sauce soja avant de les faire sauter 1 minute dans une poêle chaude sans matière grasse.

3. Décortiquez, équeutez et coupez les crevettes en deux dans le sens de la longueur. Lavez et ciselez les feuilles de menthe. Lavez les feuilles de salade. Rincez le soja et égouttez-le.

4. Trempez une galette de riz dans une assiette à soupe remplie d'eau chaude. Étendez-la, déposez les crevettes au centre et couvrez d'une feuille de salade. Ajoutez la menthe, les vermicelles, le soja et le poulet. Roulez et repliez les côtés de votre rouleau de printemps. Enrobez de cellophane et réservez au frais 1 heure au moins avant de tremper dans la sauce pour nems.

Le petit plus de la paresseuse

C'est la recette classique du rouleau de printemps. Libre à vous de l'essayer avec des aiguillettes de canard pour remplacer le poulet, des carottes râpées à la place ou en plus des pousses de soja, de la coriandre plutôt que de la menthe…

Dos de saumon aux épices

Même le plus gras des poissons est toujours moins gras qu'une viande ! Faites confiance à ce beau roi des rivières et océans, dont la chair d'un rose tendre est une bombe d'oméga-3.

Pour 2 portions

2 dos de saumon – 1 c. à s. de vinaigre – 1 c. à c. de paprika – 1 c. à c. d'épices colombo – ½ boîte de concentré de tomates – sel, poivre.

1. Préparez une marinade avec le vinaigre, les épices et le concentré de tomates. Salez, poivrez. Faites-y mariner les dos de saumon crus au moins 1 heure au réfrigérateur.

2. Préchauffez le four à 210 °C (th. 7).

3. Dans un plat à gratin, déposez les dos de saumon et arrosez avec la marinade.

4. Faites-les mariner dans le yaourt avec le curry, le sel et le poivre pendant 30 minutes. Couvrez d'aluminium. Enfournez 35 minutes. Servez avec du riz basmati.

Le petit plus de la paresseuse

Pour un goût caramélisé, ajoutez 1 c. à s. de miel dans la marinade.

Brownie choco-fruit

Le seul brownie au monde sans matières grasses. Eh si !

Pour 1 brownie de 6 parts

100 g de compote de pommes lisse – 150 g de chocolat noir – 80 g de sucre – 2 œufs – 30 g de farine.

1. Préchauffez le four à 180 °C (th. 6).

2. Battez les œufs et le sucre avec la farine. Ajoutez la compote et mélangez soigneusement.

3. Faites fondre le chocolat au bain-marie. Incorporez à l'appareil.

4. Versez dans un moule carré et enfournez 15 minutes. Laissez refroidir avant de découper des parts.

Le petit plus de la paresseuse

Faites l'expérience avec de la compote de framboises : le petit goût acidulé des fruits rouges révèle toutes les saveurs du chocolat.

La 500 box (500 kcal maximum)

De combien de calories avez-vous besoin par jour ? Entre 1 400 et 2 000 environ, selon votre âge, votre corpulence, votre niveau d'activité. Garder un œil sur le compteur calorique est un bon plan pour perdre les fameux 2 p'tits kilos de trop et pour se maintenir à un poids de forme sans gros effort, sans s'épuiser non plus. Pour que ça marche, c'est 25 % des apports au petit déjeuner, 40 % au déjeuner et 30 à 35 % au dîner. Voici votre menu de midi à 500 kcal, tout prêt à emporter, la gourmandise en bonus !

Entrée : salade de pâtes et tagliatelles de courgette aux pignons
Plat : brochettes de poulet au citron
Dessert : gelée d'ananas

Salade de pâtes et tagliatelles de courgette aux pignons

Tût tût tût ! Vous avez besoin de féculents pour faire fonctionner votre bon cerveau et pour tenir jusqu'à la fin de la journée sans craquer pour une barre chocolatée à la sortie du bureau. Les pâtes en salade sont une bonne solution pour absorber des glucides sans tout ce qui fait grossir avec (la sauce tomate, la crème et le parmesan, pour ne pas les nommer). Donnez du goût à vos pâtes, sans les surcharger, avec des tagliatelles de courgettes croquantes et des petits pignons dorés.

Pour 2 portions

120 g de farfalles – 1 courgette – feuilles de basilic – 2 c. à s. d'huile d'olive – 1 c. à c. de vinaigre balsamique – 2 c. à s. de pignons de pin – sel, poivre.

1. Dans une casserole d'eau bouillante salée, faites cuire les farfalles le temps indiqué sur le paquet. Égouttez et laissez refroidir.
2. Dans une poêle non graissée, faites griller les pignons de pin pendant 2-3 minutes, jusqu'à ce qu'ils soient bien dorés. Réservez sur du papier absorbant.
3. Lavez la courgette. Coupez-la en deux dans le sens de la longueur et épépinez-la à l'aide d'une petite cuillère. Avec un économe, taillez de fines tagliatelles de courgette.
4. Lavez et ciselez grossièrement les feuilles de basilic.
5. Mélangez tous les ingrédients et arrosez d'huile et de vinaigre. Rectifiez l'assaisonnement.

Le petit plus de la paresseuse

Pour les jours moins stricts, ajoutez de petits dés de feta pour la fraîcheur et leur texture tendre…

Brochettes de poulet au citron

Viandes blanches et volailles, juste grillées, sont les clés d'une ligne parfaitement maîtrisée.

Pour 2 portions

2 escalopes de poulet – 1 citron – 1 c. à s. de miel – 1 pouce de gingembre frais – 2 c. à c. de sauce soja – 1 pointe de piment.

1. Préparez une marinade avec le citron pressé, le gingembre râpé, le miel, la sauce soja et le piment.

2. Découpez le poulet en gros dés. Essuyez les morceaux avec du papier absorbant et mettez à mariner pendant au moins 2 heures au réfrigérateur.

3. Préchauffez votre four en mode gril.

4. Piquez les morceaux de poulet sur une brochette en bois. Déposez les brochettes sur une plaque de cuisson recouverte d'aluminium et enfournez 10 minutes en retournant à mi-cuisson.

Le petit plus de la paresseuse

L'été, profitez du barbecue du dimanche pour faire griller vos brochettes du lundi en avance…

Gelée d'ananas

Le fruit qui déstocke à déguster à l'anglaise, en *jelly*, à la petite cuillère.

Pour 2 petits ramequins

50 cl de jus d'ananas – 2 g d'agar-agar (ou une feuille de gélatine).

1. Si vous utilisez une feuille de gélatine, faites-la ramollir dans un bol d'eau froide pendant 5 minutes.

2. Filtrez le jus d'ananas à l'aide d'une passoire fine. Faites-le bouillir.

3. Diluez l'agar-agar ou la gélatine dans le jus. Versez dans les ramequins, faites prendre au réfrigérateur pendant 2 heures.

Le petit plus de la paresseuse

Une recette à faire varier à l'envi avec tous les jus de fruits possibles et imaginables : mangue, goyave, abricot…

La drain box

Pour s'affiner, il faut drainer… c'est-à-dire favoriser les échanges circulatoires en évitant les amas de graisses qui provoquent non seulement la cellulite, mais aussi les fameuses rondeurs localisées. Certains aliments sont connus pour leur capacité à éliminer les toxines et à faciliter la circulation sanguine. Glissez-les dans votre box sans plus attendre : mieux-être garanti et silhouette de rêve en perspective…

Entrée : faux coleslaw de radis et panais
Plat : papillotes de colin à la tomate
Dessert : gratins de fruits rouges

Faux coleslaw de radis et panais

Le coleslaw est une salade de chou et carotte nord-américaine très savoureuse… mais pleine de mayonnaise ! On la revisite avec des radis et du panais, bons pour la circulation, et un assaisonnement *light* à souhait.

Pour 2 portions
1 panais – 1 petit radis noir – 1 grosse poignée de radis roses – 2 c. à s. d'huile d'olive – 1 c. à c. de moutarde – ½ yaourt – le jus de ½ citron – sel, poivre.

1. Lavez et épluchez les légumes. Râpez-les.
2. Préparez une vinaigrette *light* en émulsionnant la moutarde et le jus de citron avec le yaourt et l'huile d'olive. Rectifiez l'assaisonnement.

Le petit plus de la paresseuse
Faites-vous plaisir, ajoutez des petites gourmandises drainantes (elles aussi) dans votre coleslaw de radis et panais : des grains de raisin frais, des noisettes ou des baies de goji.

Papillotes de colin à la tomate

Non, le poisson blanc n'est pas un animal triste ! Bien cuit, en papillote, il est fondant et très pauvre en matières grasses. La tomate, détox par excellence, lui apporte un charme fou…

Pour 2 portions
2 filets de colin – 2 tomates mûres – 1 petit oignon – 1 c. à s. de concentré de tomates – 1 branche de persil – 1 pointe de couteau de piment d'Espelette – sel, poivre.

1. Préchauffez votre four à 180 °C (th. 6).
2. Ébouillantez les tomates pour les peler. Concassez-les et égouttez-les.
3. Émincez finement l'oignon. Diluez le concentré de tomates avec 1 c. à c. d'eau. Ciselez le persil. Mélangez l'ensemble avec les tomates concassées et le piment d'Espelette. Rectifiez l'assaisonnement.
4. Découpez deux rectangles de papier sulfurisé de la taille d'une feuille A4. Posez un filet de colin au centre de chacune. Couvrez de sauce tomate. Repliez les bords de la papillote et agrafez-les
5. Enfournez 10 à 12 minutes.

Le petit plus de la paresseuse
Pour simplifier la recette, déposez juste deux rondelles de citron et une tomate concassée non pelée au-dessus de vos filets et zou, on ferme et on enfourne.

Gratins de fruits rouges

Pas mieux pour drainer que ces petites baies acidulées que l'on peut se permettre de déguster en gratin tant le reste du menu est allégé.

Pour 2 petits gratins
200 g de fruits rouges surgelés (cassis, groseilles, framboises…) – 1 jaune d'œuf – 10 cl de crème liquide – 50 g de sucre – 1 poignée d'amandes effilées.

1. Préchauffez votre four à 180 °C (th. 6).

2. Battez le jaune d'œuf avec le sucre jusqu'à ce que le mélange blanchisse. Incorporez la crème.

3. Répartissez les fruits rouges dans des cassolettes. Versez l'appareil à gratin dessus. Parsemez d'amandes effilées.

4. Enfournez pendant 30 minutes et terminez par 5 minutes en mode gril.

Le petit plus de la paresseuse

Une larme de rhum dans l'appareil à gratin pour celles qui aiment se faire du bien…

La box fermeté

C'est pas le tout de mincir… Encore faut-il assurer côté fermeté. L'aspect de la peau fait beaucoup dans l'apparence générale de la silhouette. Ne privez pas la vôtre de tous les aliments qui « soutiennent » les tissus et galbent les formes : protéines et vitamines A, E, B5 et C, principalement.

Entrée : œufs mimosa légers
Plat : crousti-thon aux amandes
Dessert : carpaccio de pamplemousse rose

Œufs mimosa légers

Le classique du bistrot, pour avoir ce qu'il faut de protéines et de vitamine B5, sans avaler un demi-litre de mayo.

Pour 2 portions
2 œufs – 2 c. à s. de fromage blanc – 1 brin de persil – sel, poivre.

1. Faites cuire les œufs dans l'eau bouillante pendant 10 à 12 minutes. Stoppez la cuisson en les passant sous l'eau froide. Écalez-les. Coupez-les en deux et séparez les blancs des jaunes.

2. Écrasez les jaunes à la fourchette avec le fromage blanc et le persil ciselé. Rectifiez l'assaisonnement. Remplissez les cavités des blancs. Emballez sous cellophane pour transporter dans votre box.

Le petit plus de la paresseuse

Remplacez le persil par de la coriandre, pour une saveur qui fait voyager un peu…

Crousti-thon aux amandes

Cousins des nuggets, ces petits crousti-thon mi-cuits regorgent d'oméga-3 et de vitamine E pour une peau lisse, douce, ferme, à croquer !

Pour 2 portions

2 steaks de thon rouge – ½ c. à c. de poudre de gingembre – 120 g de poudre d'amandes – 1 blanc d'œuf – 2 c. à s. de sauce soja – 1 citron vert.

1. Préparez une marinade en battant le blanc d'œuf avec la sauce soja, le jus du citron vert et la poudre de gingembre.

2. Coupez vos steaks de thon en gros dés. Faites-les mariner 2 heures environ.

3. Trempez les dés de thon marinés dans la poudre d'amandes sur toutes les faces. Saisissez 2 minutes sur chaque face dans une poêle chaude légèrement huilée.

Le petit plus de la paresseuse

Essayez la même recette avec des graines de sésame à la place des amandes.

Carpaccio de pamplemousse rose

Vive les agrumes pour faire le plein de vitamines C. Le pamplemousse, plus facile à éplucher que l'orange, se prête volontiers aux salades et carpaccios.

Pour 2 portions

1 pamplemousse rose – 2 c. à s. de miel (ou de sirop d'agave) – 1 c. à s. de cointreau – ½ c. à c. de cannelle.

1. Pelez le pamplemousse et grattez la membrane blanche qui entoure les quartiers.

2. Coupez des tranches fines dans la hauteur, épépinez. Disposez à plat dans le compartiment dessert de votre lunch box.

3. Faites chauffer le miel, le cointreau et la cannelle dans une petite casserole. Versez sur les tranches de pamplemousse.

Le petit plus de la paresseuse

Si vous faites la même recette chez vous, dans une assiette classique, ajoutez le cointreau à la dernière minute et flambez ! Évitez en revanche ce genre de plaisanterie au bureau, vous risqueriez de déclencher le dispositif antifumée et de vous faire méchamment doucher !

5 règles à retenir pour lunch-boxer en poids léger sans se décourager

1. Lunch-boxer n'est pas s'affamer.

Souvenez-vous que la lunch box est *light* par définition, toujours plus saine et plus *light* que la pizza livrée tiède, le plat du jour du troquet ou le maxi-sandwich de la boulangerie. La lunch box, c'est déjà une opé minceur en soi. Conclusion : ne vous privez pas… Ni de la remplir de bonnes choses, ni de la remplir dans les bonnes quantités. Ne faites pas l'impasse sur les glucides et gardez une proportion raisonnable de matières grasses dans vos menus pour ne pas vous épuiser ni vous carencer !

2. Prenez le temps de lunch-boxer.

Pour mieux manger et donc garder la ligne, il est important de prendre le temps de mâcher, de faire des pauses entre chaque bouchée et de s'accorder un moment pour digérer après les repas. Ne voyez pas la lunch box comme un parfait prétexte pour ne plus faire de pause déjeuner. Une bonne lunch box, c'est 30 minutes minimum.

3. Offrez-vous une petite balade digestive.

Puisque vous faites une vraie pause déjeuner, mais que vous n'y passez pas la moitié du temps à faire la queue au self ou à attendre que le serveur maussade apporte l'addition, occupez le restant de la pause à vous dépenser. Une petite marche de 15 à 20 minutes après avoir lunch-boxé facilite la digestion et grille quelques calories, c'est toujours ça de pris. Ces 15 à 20 minutes à pied, ce ne serait pas le temps qui vous sépare justement de la boutique où vous nargue en vitrine le fameux jean dans lequel vous rêveriez de rentrer ? C'est peut-être le moment d'aller l'essayer !

4. Épicez vos déjeuners.

La cuisine minceur n'a de décourageant que sa possible fadeur. Faites varier les recettes les plus légères sans leur ajouter une seule microcalorie en jouant à la sorcière avec vos herbes et épices. Du goût, du goût et encore du goût pour exhausser les saveurs naturelles sans matière grasse ajoutée.

5. Ne paniquez pas en cas d'excès ponctuel.

Vous avez eu la flemme de lunch-boxer ou vous avez un peu trop beurré le sandwich maison que vous vous étiez préparé ? Pas de panique ni de réflexes de restriction abusifs. Souvenez-vous que le corps est une machine bien faite, capable aussi d'encaisser vos petits écarts alimentaires. Reprenez vos habitudes lunch box dès le lendemain d'un cassoulet-mousse au chocolat au gastro d'en bas et il n'y paraîtra rien au moment de zipper votre petite robe préférée.

3

Comment luncher vitaminé avec une tonique box

10 menus pour avoir la pêche toute l'année

Le sandwich au thon, c'est bon. Les sushis, ça fait toujours envie. Le steak-frites, c'est pratique. Mais tout ça manque un peu de vitamines. Pour être en forme, avoir le moral et aussi une belle peau, de beaux ongles, une crinière superbe, il faut faire le plein de vitamines. Il y en a dans tous vos fruizélégumes de saison, alors mettez-les dans votre box !

La box de rentrée

Septembre, ses joies, son réveil qui recommence à sonner à 7 heures du matin, sa pelade post-bronzage, ses courses de rentrée scolaire au supermarché, ses dossiers pourris laissés en jachère au mois de juillet… Mais aussi ses bons fruizélégumes de fin d'été, gorgés de soleil et souvent vendus à bon prix par le maraîcher.

Entrée : roulades de concombre au saumon fumé
Plat : poivrons farcis au thon
Dessert : figues rôties aux spéculoos

Roulades de concombre au thon

Il est bourré d'eau et blindé de potassium et de vitamine C : c'est le concombre. Un légume croquant et frais à essayer en petites bouchées au saumon et fromage frais.

Pour 2 roulades

1 concombre – 1 grande tranche de saumon fumé – 100 g de fromage frais ail et fines herbes – sel, poivre.

1. Lavez le concombre, coupez-le en deux et retirez les graines à l'aide d'une petite cuillère. Taillez des lamelles de 3 mm d'épaisseur dans la longueur. Essuyez soigneusement avec du papier absorbant.
2. Coupez des lamelles de saumon de la taille des lamelles de concombre.
3. Tartinez les lamelles de concombre de fromage frais. Salez, poivrez. Déposez les tranches de saumon. Roulez et piquez avec un cure-dent.

Le petit plus de la paresseuse

Aromatisez vous-même votre fromage frais : ajoutez à du fromage nature toutes les herbes (aneth, estragon, persil, ciboulette) et épices (paprika, curry, piment d'Espelette) que vous aimez.

Poivrons farcis au thon

C'est l'une des meilleures sources de vitamines C (pour l'énergie) et A (pour la vue et la peau) : le poivron se cuisine de mille et une façons. Tentez-le en petit farci marin, pour commencer.

Pour 2 farcis

2 poivrons rouges – 100 g de miettes de thon – 2 biscottes – 1 œuf – 1 branche de persil – 1 c. à c. de câpres – 1 gousse d'ail – 1 c. à s. de lait – sel, poivre.

1. Préchauffez votre four à 240 °C (th. 8).

2. Coupez les poivrons aux trois quarts de leur hauteur. Videz les cavités de leurs graines.

3. Écrasez les biscottes. Épluchez, dégermez et pressez l'ail. Mélangez l'ail, les biscottes écrasées, l'huile, le lait et l'œuf avec le persil ciselé. Incorporez le thon et les câpres. Rectifiez l'assaisonnement.

4. Déposez les cavités de poivron sur une feuille d'aluminium dans un plat à gratin. Remplissez-les de farce. Couvrez avec les chapeaux. Enfournez 45 minutes.

Le petit plus de la paresseuse

Même recette avec les bonnes grosses tomates de fin de saison, dont on incorporera la chair égouttée à la farce.

Figues rôties aux spéculoos

C'est le premier des fruits d'automne, et sa saison est courte (le reste de l'année, il faut les manger séchées). Bombe d'antioxydants, la figue contient les meilleures vitamines en quantité : la B1 qui transforme les glucides en bonne énergie pour le cerveau, la B5 antistress, la B6 qui aide à garder le moral… Le petit plus de cette recette, c'est le faux crumble de spéculoos, bon pour la gourmandise, lui !

Pour 2 portions

4 figues fraîches – 4 spéculoos – 2 c. à s. de cassonade – 25 g de beurre.

1. Préchauffez le four à 180 °C (th. 6).

2. Lavez et séchez les figues. Fendez la tête des figues en croix et prélevez une cuillère à thé de chair pour créer une cavité.
3. Écrasez les spéculoos. Mélangez-les avec le beurre coupé en petits dés et la cassonade.
4. Déposez les figues sur une feuille d'aluminium dans un plat à gratin. Remplissez les cavités des figues avec le crumble de spéculoos.
5. Enfournez 25 minutes.

Le petit plus de la paresseuse
Quelques amandes effilées sur le dôme de vos figues rôties et vous voilà avec un dessert du niveau du resto trop cher où vous n'osez jamais aller déjeuner.

La box de l'heure d'hiver

Ah ! L'heure d'hiver… Une heure de gagnée un week-end et deux semaines avec des gosses impossibles à coucher. Sans parler de la nuit qui tombe à 18 heures à peu près aussi drue que la pluie en octobre. Heureusement, la nature, bien faite, offre à cette période les fruizélégumes qui donnent des forces.

Entrée : salade râpée sucrée-salée
Plat : sandwichs suédois de maquereau au fenouil et céleri
Dessert : compote d'automne aux prunes épicées

Salade râpée sucrée-salée

Pour vous, la betterave, ce sont les cubes dégoulinants de jus des collectivités et le pipi rose qui suit dans la journée ? Mais est-ce que vous l'avez essayée crue, avec des pommes et des carottes et une petite vinaigrette à l'orange ?

Pour 2 portions

1 petite betterave rouge crue – 1 petite carotte – 1 pomme granny – ½ orange pressée – 1 c. à c. de moutarde – ½ c. à c. de réglisse en poudre – 2 c. à s. d'huile d'olive – sel, poivre.

1. Lavez la pomme. Lavez et épluchez la betterave et la carotte. Râpez l'ensemble.

2. Mélangez la moutarde et le jus d'orange. Émulsionnez avec l'huile. Ajoutez la poudre de réglisse. Rectifiez l'assaisonnement et versez sur les crudités.

Le petit plus de la paresseuse

La réglisse est optionnelle, mais elle se marie à merveille avec ces crudités. Vous pouvez la remplacer par du cumin ou du gingembre en poudre.

Sandwichs suédois de maquereau au fenouil et céleri

Fenouil et céleri apportent de la vitamine A et de la vitamine C, pour être supertonique du corps et du cerveau. Ajoutez-y les indispensables vitamines B et D du maquereau et c'est un vrai sandwich boosteur que vous allez engloutir au déjeuner !

Pour 2 sandwichs

4 tranches de pain suédois – 4 Carré Frais (ou du fromage frais type Philadelphia ou Saint-Môret) – 2 filets de maquereau au vin blanc – 1 bulbe de fenouil – 1 petit céleri-rave – 2 cornichons aigres-doux (molossols) – ½ c. à c. de raifort – sel, poivre.

1. Lavez et épluchez le céleri. Râpez-le. Coupez les cornichons dans le sens de la longueur. Lavez et émincez le fenouil.

2. Mélangez le fromage et le raifort. Rectifiez l'assaisonnement.

3. Égouttez et essuyez les maquereaux.

4. Tartinez les tranches de pain suédois de fromage au raifort. Déposez une couche de crudités, puis un maquereau, puis une nouvelle couche de crudités et refermez le sandwich.

Le petit plus de la paresseuse

Si vous avez un peu de temps la veille, faites mariner vos maquereaux vous-même dans du vinaigre de riz japonais, c'est encore meilleur dans cette recette.

Compote de pommes aux prunes épicées

C'est la saison des prunes ! On les préfère toujours dans son assiette que sur son pare-brise. Surtout que les belles prunes rouges d'octobre fondent toutes seules dans la compote que prépare amoureusement mon mari avec des épices.

Pour 4 portions

700 g de prunes rouges – ½ citron pressé – 150 g de sucre – 1 pouce de gingembre – 1 c. à c. de graines de cardamome – 1 c. à c. de poivre en grains – 2 bâtons de cannelle – 3 c. à s. d'eau.

1. Lavez et dénoyautez les prunes.

2. Râpez grossièrement le gingembre et placez avec le reste des épices dans un filet ou une boule à épices.

3. Dans une casserole, versez l'eau, le sucre et le jus du citron, ajoutez les prunes et les épices et laissez compoter à feu doux 20 à 25 minutes en remuant régulièrement.

Le petit plus de la paresseuse

Faites-vous plaisir, ajoutez un petit verre d'eau-de-vie de prune en fin de cuisson.

La box anti-coup de pompe

Nuits courtes et coups de barre dans la journée ? La tentation est forte, quand on est crevée, de zapper le déjeuner pour s'épargner le moment critique de lutte contre l'irrésistible tentation de la sieste digestive. Sauter le repas de la mi-journée est une mauvaise idée, même et surtout quand on manque de sommeil. La solution, c'est de lunch-boxer à la fois énergétique et léger.

Entrée : salade de fèves à la coriandre
Plat : boulettes d'agneau aux dattes
Dessert : barres énergétiques *homemade*

Salade de fèves à la coriandre

La fève est exquise, fondante et croquante à la fois, mais elle a aussi de vraies vertus antifatigues. Elle contient des glucides et du phosphore pour rester vive du cerveau, des protéines pour préserver la masse musculaire et de la vitamine B5 stimulante pour tout le métabolisme. Le tout pour une charge calorique dérisoire.

Pour 2 portions
150 g de fèves – 1 branche de coriandre – ½ c. à c. de cumin en poudre – 2 c. à s. d'huile d'olive – sel, poivre.

1. Faites cuire les fèves à la vapeur pendant 5 minutes. Laissez refroidir et appuyez sur le coin de la peau pour les écosser.
2. Lavez et ciselez la coriandre. Mélangez avec les fèves.
3. Diluez le cumin dans l'huile et versez sur les fèves.

Le petit plus de la paresseuse
Pour celles qui aiment, 2 gousses d'ail dans le panier vapeur avec les fèves leur apportent un surcroît de saveur.

Boulettes d'agneau aux dattes

Les fruits secs ont tout bon : ils font généreusement don toute l'année de leur bonne énergie et apportent aux plats salés une saveur sucrée-fumée extra-raffinée. Vive la datte, qui se marie à merveille avec l'agneau en boulettes !

Pour 2 portions
200 g d'agneau désossé – 6 dattes – 2 biscottes – 1 oignon – 1 œuf – le zeste de 1 citron – 1 branche de coriandre fraîche – ½ c. à c. de cumin – 1 c. à s. d'huile d'olive – sel, poivre.

1. Épluchez et émincez finement l'oignon. Faites-le revenir dans une poêle chaude légèrement huilée.

2. Lavez et ciselez la coriandre. Hachez la viande avec la coriandre, l'œuf, le cumin, l'huile d'olive.

3. Incorporez les biscottes écrasées, les oignons, le zeste de citron et les dattes dénoyautées. Rectifiez l'assaisonnement.

4. Formez des boulettes à la main et faites-les cuire pendant 15 minutes dans une poêle chaude légèrement huilée en retournant à mi-cuisson.

Le petit plus de la paresseuse

Une petite sauce à la menthe pour tremper ces boulettes aux saveurs d'Orient ? Hachez finement un beau bouquet de menthe fraîche et jetez-le dans une casserole, où vous aurez préalablement préparé un sirop de sucre avec un peu de vinaigre.

Barres énergétiques *homemade*

Pour le dessert ou pour 4 heures, une petite barre céréalière qui redonne du tonus en trois bouchées.

Pour 4 barres

100 g de müesli – 50 g de riz soufflé – 100 g de fruits secs (raisins, pruneaux, figues au choix) – 50 g de noisettes décortiquées – 2 c. à s. de miel.

1. Préchauffez votre four à 180 °C (th. 6).

2. Faites torréfier le riz soufflé dans une poêle chaude sans matière grasse. Mélangez avec le müesli et les fruits secs découpés en petits dés et les noisettes grossièrement concassées.

3. Faites chauffer le miel. Incorporez au mélange de céréales et fruits secs.

4. Versez dans un moule recouvert de papier sulfurisé et enfournez 30 minutes.

5. Laissez refroidir avant de découper des rectangles.

Le petit plus de la paresseuse

Conservez vos barres de céréales emballées dans de l'aluminium dans une jolie boîte en fer.

La box qui réchauffe

Un froid de canard et du blizzard glaçant ? Difficile d'avoir envie d'une petite salade fraîche à l'heure du déjeuner ces jours-là. Voici un petit menu *caliente* entièrement micro-ondable pour lunch-boxer même par -10 °C.

Entrée : flans de carotte aux amandes
Plat : endives au jambon en croque
Dessert : mi-cuits choco-cro-ondes

Flans de carotte aux amandes

Un petit flan tout doux dont les saveurs rappellent le bon potage de grand-maman. À réchauffer 1 minute au micro-ondes avant de déguster.

Pour 2 flans individuels

1 grosse carotte – 2 œufs – 10 cl de crème liquide – 50 g d'amandes en poudre – quelques amandes effilées – beurre – sel, poivre.

1. Préchauffez votre four à 180 °C (th. 6).

2. Lavez et pelez la carotte. Découpez-la en rondelles et faites cuire 15 minutes dans l'eau bouillante. Égouttez et pressez en purée.

3. Incorporez la crème, les œufs et les amandes en poudre.

4. Beurrez deux petites cassolettes et versez-y la préparation. Saupoudrez d'amandes effilées et enfournez 20 minutes.

Le petit plus de la paresseuse

Ça marche aussi avec les courges et les panais. Faites varier cette simplissime recette avec tous les bons légumes d'hiver.

Endives au jambon en croque

Un sandwich chaud au bon goût d'un plat tradi, ça vous dit ?

Pour 2 croques

4 tranches de pain de mie – 2 tranches de jambon blanc – 2 endives – gruyère râpé – beurre – sel, poivre.

1. Préchauffez le four à 180 °C (th. 6).

2. Lavez les endives et coupez-en la base. Effeuillez-les.

3. Dans une poêle beurrée, faites fondre les feuilles d'endives pendant 5 à 6 minutes.

4. Beurrez les tranches de pain de mie. Parsemez de gruyère et déposez une couche d'endives, puis une tranche de jambon, puis à nouveau une couche d'endives et du gruyère. Refermez le croque et saupoudrez de gruyère. Salez, poivrez et enfournez 20 minutes. Terminez par 3 minutes au gril.

Le petit plus de la paresseuse

Pour un croque plus gourmand (mais moins léger), remplacez le gruyère par de la béchamel : faites un roux avec 1 c. à s. de beurre et 1 c. à s. de farine, versez du lait chaud et faites épaissir. Salez, poivrez et râpez un peu de noix muscade.

Mi-cuits choco-cro-ondes

Là, vous risquez d'en mettre plein la vue à tout l'étage en sortant de votre box comme d'un chapeau de prestidigitateur un mi-cuit digne du dessert-qui-tue au restaurant !

Pour 2 mi-cuits

80 g de chocolat pâtissier – 30 g de beurre – 2 œufs – 40 g de sucre – 30 g de farine.

1. Faites fondre le chocolat avec le beurre au bain-marie.

2. Battez les œufs et le sucre jusqu'à ce que le mélange devienne mousseux. Incorporez le chocolat fondu et la farine.

3. Beurrez et farinez des petits moules micro-ondables. Versez-y l'appareil. Placez au réfrigérateur plusieurs heures avant de lunch-boxer.

4. Juste avant de déguster, faites cuire au micro-ondes à pleine puissance pendant 6 minutes.

Le petit plus de la paresseuse
Une petite barre de chocolat blanc glissée au cœur de la pâte rend ce mi-cuit express carrément diabolique !

La box des giboulées

Il pleut, il mouille, à en essorer le trench… Puis il fait un temps radieux comme en été ! C'est le mois de mars, à mi-chemin entre les frimas et les beaux jours. On bascule résolument côté soleil avec cette box aux premiers fruizélégumes printaniers.

Entrée : petite salade niçoise
Plat : mini-quiches aux asperges
Dessert : pommes surprise

Petite salade niçoise

Un vrai classique indémodable de la cuisine française, à la mode box.

Pour 2 portions
1 petit concombre – 1 tomate – 2 œufs – 1 petite boîte de thon – ½ botte de radis – 2 c. à s. d'olives noires – 1 branche de basilic – 1 c. à c. de vinaigre – 2 c. à s. d'huile d'olive – sel, poivre.

1. Faites durcir les œufs dans l'eau bouillante pendant 10 minutes. Passez-les sous l'eau froide pour stopper la cuisson et écalez-les.

2. Lavez le concombre, coupez-le en deux dans le sens de la longueur et retirez les graines à l'aide d'une petite cuillère. Coupez-le en petits dés. Lavez et concassez la tomate. Lavez, grattez et coupez les radis en rondelle. Rincez et ciselez le basilic. Dénoyautez les olives.

3. Assaisonnez avec l'huile et le vinaigre, salez et poivrez.

Le petit plus de la paresseuse

La salade niçoise a évidemment ses puristes... Mais on a quand même le droit de la faire varier à l'envi : des lamelles de poivrons, des petits bouts d'avocat, des croûtons...

Mini-quiches aux asperges

Un petit plat tradi au goût exquis... Mais gare à l'odeur du pipi qui suit !

Pour 2 mini-quiches

1 douzaine de pointes d'asperges blanches – 200 g de pâte brisée – 100 g de lardons – 2 œufs – 1 c. à s. de crème fraîche – poivre.

1. Préchauffez le four à 210 °C (th. 7).

2. Faites fondre les pointes d'asperges avec les lardons dans une poêle chaude sans matière grasse.

3. Battez les œufs et la crème, poivrez.

4. Tapissez le fond de vos moules à tartelettes de pâte brisée. Disposez les asperges et les lardons et couvrez avec la migaine œufs-crème.

5. Enfournez 25 minutes.

Le petit plus de la paresseuse

La pâte brisée toute faite, c'est pratique. Mais la pâte brisée maison, c'est tellement meilleur : 125 g de farine, 70 g de beurre froid, 1 c. à s. d'eau glacée et zou, dans le mixeur à pleine puissance quelques secondes seulement.

Pommes surprises

Soulevez le chapeau : la pomme est pleine de gourmandises. Et quand vous avez fini de les dévorer, il n'y a plus qu'à croquer le fruit !

Pour 2 pommes surprises

2 grosses pommes à chair ferme – 50 g de chocolat pâtissier – 1 c. à s. de noisettes en poudre – 1 poignée d'amandes mondées – 1 poignée de raisins secs.

1. Coupez des chapeaux aux pommes. Évidez-les pour retirer les pépins et former une cavité.

2. Faites fondre le chocolat au bain-marie. Incorporez la poudre de noisettes, les raisins et les amandes. Versez dans la cavité des pommes.

Le petit plus de la paresseuse

Micro-ondez votre pomme surprise pendant 1 minute 30 à pleine puissance juste avant de la déguster !

La spring box

Enfin, c'est le printemps pour de vrai et l'étal du primeur a aussi bonne mine que vous qui prenez les premiers rayons du soleil en terrasse. Vitamines à gogo dans cette lunch box d'avril-mai !

Entrée : brochettes caprese
Plat : bricks d'épinards aux pignons
Dessert : amandines de rhubarbe

Brochettes caprese

Une mise en bouche à croquer : les premières tomates cerises s'enfilent et défilent dans une revisitation express de la sacro-sainte salade caprese.

Pour 6 brochettes

12 tomates cerises – 12 billes de mozzarella – 18 feuilles de basilic – 6 piques en bois.

1. Sur une petite pique en bois, enfilez une feuille de basilic, une tomate, une bille de mozzarella, puis une feuille de basilic, une tomate, une bille de mozzarella, et terminez par une feuille de basilic… C'est aussi simple que ça !

Le petit plus de la paresseuse
Pour un brin de fantaisie, remplacez la feuille de basilic centrale par un petit dé d'ananas.

Bricks d'épinards aux pignons

L'épinard frais regorge de vitamine C (plus que de fer, n'en déplaise à l'ami Popeye) et il a une saveur délicieusement chlorophylée. Ne ratez pas la saison ! Il se cuisine de mille et une façons. Ici, en brickettes aux pignons.

Pour 4 bricks
4 feuilles de brick – 800 g d'épinards crus – 50 g de pignons de pin – 1 noix de beurre – 1 oignon – 1 yaourt – 1 œuf – sel, poivre.

1. Préchauffez le four à 180 °C (th. 6).
2. Lavez, égouttez et équeutez les épinards. Ciselez-les grossièrement. Cuisez-les dans un wok, avec une noix de beurre, jusqu'à évaporation de l'eau.
3. Faites griller les pignons de pin dans une poêle chaude sans matière grasse.
4. Épluchez et émincez l'oignon. Faites revenir dans une poêle chaude légèrement huilée.
5. Battez l'œuf avec le yaourt, salez, poivrez. Incorporez les épinards et l'oignon, puis les pignons.
6. Répartissez cette farce au cœur des feuilles de brick. Repliez pour fermer, déposez sur une grille recouverte de papier sulfurisé et enfournez 20 minutes.

Le petit plus de la paresseuse
Vraiment gourmande ? Ajoutez des raisins secs, des morceaux de figue ou de pomme à votre farce.

Amandines de rhubarbe

Vive les tartelettes qui font dire « oh chouette ! » quand la lunch box ouvre ses petites fenêtres !

Pour 4 tartelettes
400 g de rhubarbe – 1 pâte sablée – 75 g de poudre d'amandes – 1 œuf – 15 cl de crème liquide – 25 g de sucre en poudre.

1. Préchauffez le four à 180 °C (th. 6).

2. Chemisez quatre moules à tartelettes avec la pâte sablée. Faites cuire à blanc les fonds de tartelettes.

3. Lavez, épluchez et tronçonnez la rhubarbe. Faites-la compoter 10 minutes dans une casserole à feu moyen avec un fond d'eau.

4. Battez l'œuf, la crème et le sucre. Ajoutez la poudre d'amandes.

5. Garnissez vos fonds de tartelettes avec la rhubarbe. Couvrez avec la crème aux amandes.

6. Enfournez 25 à 30 minutes.

Le petit plus de la paresseuse

Pour réussir vos cuissons à blanc, piquez avec une fourchette la pâte à tarte, couvrez de papier sulfurisé et versez uniformément des lentilles. Enfournez. Sortez les tartelettes dès que les bords commencent à dorer. Vous n'avez plus qu'à soulever délicatement le papier sulfurisé couvert de lentilles.

La lunch box du défilé du 1er mai

Pourvu que ça ne tombe pas un dimanche (ce qui signifierait, immanquablement, que le 8 mai serait aussi escroqué), le 1er mai est une vraie fête : temps radieux et souliers robustes, on bat le pavé (ou on s'offre une escapade à la campagne, au choix). Mais, au fait, avez-vous pensé à mettre de l'ambiance « défilé » dans votre box fériée ?

Entrée : chips *homemade*
Plat : sandwichs merguez meilleurs qu'au stand de la CGT
Dessert : beignets laïcards (dits aussi « pets-de-nonne »)

Chips *homemade*

Faites vos chips vous-même ! (Mais vous n'êtes pas pour autant obligée de brasser la bière qui va avec à la maison.)

Pour 2 portions
300 g de pommes de terre de forme régulière – huile – sel.

1. Lavez et épluchez les pommes de terre. Tranchez-les finement (avec une mandoline ou un robot).
2. Rincez-les soigneusement à l'eau chaude et séchez-les dans un torchon propre.
3. Faites les frire 5 minutes dans une poêle avec un centimètre d'huile chaude (ou à la friteuse).
4. Égouttez et laissez refroidir. Puis replongez-les dans l'huile chaude 5 minutes. Égouttez et salez immédiatement. Laissez dégraisser sur une assiette recouverte de papier absorbant.

Le petit plus de la paresseuse

Variez les saveurs : procédez de la même façon pour faire des chips de betterave (la cuisson est un peu plus longue), de topinambour, de panais…

Sandwichs merguez meilleurs qu'au stand de la CGT

Le sandwich à la merguez avec de la moutarde est un incontournable des défilés. Embourgeoisez-la un peu en en faisant un vrai sandwich chic !

Pour 2 sandwichs

2 merguez – 1 baguette fraîche – 1 poignée de graines germées (idéalement, des graines d'oignon) – 1 tomate – 2 tranches de gouda – 1 c. à s. de mayonnaise – 1 c. à s. de ketchup – 1 c. à s. de moutarde.

1. Préchauffez le four en mode gril pour faire cuire les merguez 15 minutes.

2. Coupez la baguette en deux puis fendez les demi-baguettes dans le sens de la longueur.

3. Mélangez la mayonnaise, la moutarde et le ketchup. Tartinez l'intérieur des sandwichs.

4. Lavez et tranchez la tomate.

5. Garnissez le sandwich avec les graines germées, les tranches de tomate, la merguez puis la tranche de gouda.

Le petit plus de la paresseuse

Pas de graines germées sous la main ? De la salade verte et/ou des carottes râpées peuvent les remplacer.

Beignets laïcards (dits aussi « pets-de-nonne »)

L'origine du nom de ces petits beignets est contestée : pour certains, cela viendrait de « paix-de-nonne », en hommage à une religieuse qui aurait réussi à réconcilier deux clochers en distribuant des petits gâteaux sucrés. Les autres versions de l'histoire sont bien moins poétiques…

Pour 4 portions

150 g de farine – 3 œufs – 20 cl d'eau – 50 g de sucre – 60 g de beurre – 1 c. à s. d'eau de fleur d'oranger – 1 pincée de sel – huile de friture – sucre glace – cannelle en poudre.

1. Faites chauffer ensemble l'eau, le beurre, le sel et le sucre. Portez à ébullition.

2. Hors du feu, ajoutez la farine et remuez énergiquement. Faites chauffer à nouveau jusqu'à ce que la pâte se détache des parois de la casserole.

3. Hors du feu, ajoutez les œufs et l'eau de fleur d'oranger et battez pour les incorporer rapidement.

4. Faites chauffer l'huile de friture. Jetez-y des boules de pâte de la taille d'une grosse noix.

5. Dès que les beignets sont dorés, sortez-les, égouttez-les, saupoudrez de sucre glace et de cannelle en poudre.

Le petit plus de la paresseuse

Vous savez quoi ? Vous venez de faire sans le savoir une pâte à chou ! À vous les petits choux chantilly, les religieuses, et peut-être même bientôt la pièce montée.

La box des beaux jours

Plus que quelques semaines avant les grandes vacances ? Le beau temps est déjà au rendez-vous et la gamelle derrière l'ordi se transforme en pique-nique au parc public.

Entrée : salade de crevettes cocktail épicée
Plat : gratins de tomates
Dessert : muffins à la cerise

Salade de crevettes cocktail épicée

Elles sont toutes roses comme vos gambettes, qui mériteraient bien un peu de crème solaire avant de se dévoiler aux premiers rayons de l'été : les petites crevettes cocktail jouent le festival des saveurs venues d'Asie pour mettre de l'évasion sur votre palais.

Pour 2 portions

1 petite boîte de crevettes cocktail – 3 tomates cerises – 1 petit concombre – 1 bouquet de coriandre – 1 oignon rose – 1 citron vert – 1 pouce de gingembre frais – 1 pointe de piment fort – 1 c. à c. d'huile de sésame – sel, poivre.

1. Égouttez les crevettes.

2. Épluchez le concombre, épépinez-le à l'aide d'une petite cuillère et coupez-le en petits dés. Lavez et coupez les tomates cerises en quartiers. Épluchez et émincez finement l'oignon. Lavez et ciselez la coriandre. Mélangez tous les légumes avec les crevettes.

3. Pressez le citron, pelez et râpez le gingembre. Émulsionnez avec l'huile de sésame. Ajoutez le piment et rectifiez l'assaisonnement. Versez sur la salade de crevettes.

Le petit plus de la paresseuse

Lâchez-vous sur la coriandre ! Plus il y en a, meilleur c'est.

Gratins de tomates

Une petite cassolette de tomates à manger froide ou juste micro-ondée.

Pour 2 petits gratins

4 tomates – 1 poignée de champignons de Paris – 1 steak haché – 1 oignon – 1 gousse d'ail – 1 bouquet de persil – 15 cl de crème liquide – 3 biscottes – 100 g de gruyère râpé – 50 g de parmesan râpé.

1. Préchauffez le four à 180 °C (th. 6).

2. Épluchez et émincez l'oignon, faites revenir dans une poêle chaude légèrement huilée.

3. Lavez et coupez les tomates en quartiers.

4. Émiettez le steak haché. Pressez l'ail. Lavez et ciselez le persil. Mélangez ces ingrédients avec les oignons et tapissez le fond des cassolettes.

5. Couvrez avec les quartiers de tomates.

6. Écrasez les biscottes et mélangez avec le parmesan. Saupoudrez au-dessus des tomates et terminez par une couche de gruyère râpé.

7. Enfournez 40 minutes.

Le petit plus de la paresseuse

Vous pouvez aussi ajouter des amandes en poudre dans le mélange biscotte-parmesan.

Muffins à la cerise

En juin, on adore les croquer, toutes nues, juste rincées. Les cerises aiment aussi être cuisinées. Voici des mini-muffins de juin-juillet.

Pour 6 muffins

125 g de farine – 60 g de beurre – 60 g de sucre – 200 g de cerises – ½ sachet de levure chimique – 2 œufs – 1 pincée de sel.

1. Préchauffez le four à 180 °C (th. 6).

2. Mélangez la farine, la levure, le sucre et le sel. Incorporez les œufs battus et le beurre fondu.

3. Lavez et dénoyautez les cerises.

4. Répartissez la pâte dans les moules à muffins à moitié, ajoutez une ou deux cerises et couvrez de pâte jusqu'aux 2/3 du moule.

5. Enfournez 15 minutes.

Le petit plus de la paresseuse
N'hésitez pas à saupoudrer quelques amandes effilées ou quelques brisures de pistache au-dessus de vos muffins juste avant de les enfourner.

La box bronzante

Pas question d'être blanche comme un cachet sur la plage le premier jour des vacances. Préparez votre hâle de sirène avec une box ultra-riche en trio ACE, les vitamines qui favorisent la bonne mine et préparent la peau à l'exposition.

Entrée : salade de pastèque aux miettes de chèvre
Plat : sandwichs C+
Dessert : sablés aux noisettes

Salade de pastèque aux miettes de chèvre

A + C = peau douce + teint frais. Le tout au bout de la fourchette, dans une bouchée croquante et juteuse à souhait.

Pour 2 portions
200 g de pastèque – 50 g de bûche de chèvre – ½ citron – 2 c. à s. d'huile d'olive – quelques feuilles de basilic – sel, poivre.

1. Égrenez la pastèque et coupez-la en petits dés.
2. Émiettez la bûche de chèvre. Lavez et ciselez le basilic. Mélangez avec la pastèque.

3. Faites une vinaigrette express avec le jus de citron et l'huile d'olive. Rectifiez l'assaisonnement.

Le petit plus de la paresseuse
Faites varier la vinaigrette avec du jus d'orange, de pamplemousse, d'ananas ou de fruits de la passion…

Sandwichs C+

Un sandwich ultra-vitaminé aux légumes qui regorgent de vitamine C.

Pour 2 sandwichs
4 tranches de pain à la tomate – 1 poivron rouge – 1 petite botte de cresson – 1 tomate – 2 feuilles de salade croquante (iceberg, par exemple) – 1 petit bouquet de persil – 2 tranches de comté – 2 c. à s. de mayonnaise – 2 c. à s. d'huile d'olive – 1 gousse d'ail.

1. Préchauffez le four en mode gril.
2. Coupez le poivron en deux, épépinez-le et faites-le griller 10 minutes au four sur une feuille d'aluminium. Laissez refroidir et pelez avant de couper de fines lamelles. Pressez l'ail et mélangez avec l'huile d'olive. Faites mariner les lamelles de poivron dans ce mélange.
3. Lavez et ciselez le cresson, le persil, la salade. Lavez et coupez la tomate en tranches.
4. Tartinez les tranches de pain de mayonnaise. Déposez une couche de salade, persil et cresson, deux rondelles de tomate, deux lamelles de poivron puis une tranche de comté, puis à

nouveau de la salade, du cresson et du persil. Fermez le sandwich.

Le petit plus de la paresseuse

Vous pouvez conserver vos poivrons dans l'huile aillée pendant une semaine, dans un pot fermé, au frigo.

Sablés aux noisettes

La vitamine E, c'est celle des huiles et des fruits à coque. C'est aussi celle qui prévient le vieillissement cellulaire et protège (sans qu'il faille zapper la crème solaire) des rayons UV. La voici offerte en petits sablés à partager.

Pour une vingtaine de sablés
250 g de farine – 150 g de sucre – 125 g de beurre mou – 125 g de poudre de noisettes – 1 œuf – 1 pincée de sel.

1. Préchauffez le four à 180 °C (th. 6).
2. Battez l'œuf et le sucre. Incorporez la farine et la poudre de noisettes, puis le beurre en petits morceaux. Travaillez à la main.
3. Réservez au réfrigérateur pendant 1 heure.
4. Abaissez la pâte à sablé sur une épaisseur de 1 cm. Formez des biscuits à l'aide d'un emporte-pièce.
5. Enfournez 10 minutes.

Le petit plus de la paresseuse
Utilisez cette pâte sablée comme fond de tarte, cuite à blanc, pour tous vos fruits d'été : framboises, fraises, abricots…

La playa box

En vacances, vous n'oubliez pas tout ! Vous n'avez pas laissé votre lunch box au bureau en attendant la rentrée et vous l'avez embarquée avec vous à la mer. Vous avez bien fait ! Pour vous féliciter, voici un menu anticanicule à déguster sur le sable.

Entrée : water salad
Plat : fresh swedish de poulet à la menthe
Dessert : papillotes de fruits à la noix de coco

Water salad

Il fait chaud et vous avez besoin d'eau. Il y a celle que vous buvez, et aussi celle que vous absorbez en grande majorité dans ce que vous mangez. Voici une salade antidéshydratation.

Pour 2 portions
100 g de pastèque – ½ melon – 1 petit concombre – ½ citron vert – 2 c. à s. d'huile d'olive – quelques feuilles de coriandre – poivre du moulin.

1. Égrenez la pastèque et coupez-la en petits dés. Coupez et évidez le melon et coupez la chair en dés. Lavez et épluchez le concombre, égrenez-le à l'aide d'une petite cuillère et coupez-le en dés. Lavez et ciselez la coriandre.

2. Faites une vinaigrette express avec le jus de citron vert et l'huile d'olive. Donnez un tour de poivre du moulin.

Le petit plus de la paresseuse

Une petite tomate concassée ne fait qu'apporter encore plus de saveur, de fraîcheur et d'eau à cette recette spéciale été.

Fresh swedish de poulet à la menthe

Des saveurs piquantes dans un petit pain moelleux extra-léger pour déjeuner à l'ombre d'un pin ou d'un rocher.

Pour 2 sandwichs

2 pains suédois – 1 escalope de poulet – 1 avocat mûr – 1 petite tomate – 2 feuilles de salade – 1 petit bouquet de menthe fraîche – 1 c. à c. de raifort – 1 c. à s. de mayonnaise – ½ c. à c. de curry – sel, poivre.

1. Essuyez et découpez le poulet en lamelles. Saupoudrez de curry. Faites cuire des deux côtés dans une poêle chaude légèrement huilée, puis réservez sur une feuille de papier absorbant.

2. Lavez et coupez la tomate en rondelles. Coupez l'avocat en fins quartiers. Lavez et ciselez la salade et la menthe.

3. Mélangez la mayonnaise et le raifort. Tartinez l'intérieur des pains suédois. Garnissez avec la salade, la menthe, la tomate, l'avocat et les tranches de poulet au curry.

Le petit plus de la paresseuse

La flemme de passer par l'étape poulet au curry ? Une tranche de jambon cru fera parfaitement l'affaire !

Papillotes de fruits à la noix de coco

Plus *friendly* qu'un simple fruit à croquer et plus légère qu'un dessert pâtissé, la papillote fruitée aux accents du bout du monde fait rêver.

Pour 2 papillotes

½ mangue – 1 brugnon mûr – ½ banane – 1 citron vert – 30 g de noix de coco râpée – 1 c. à s. de sirop d'agave (ou de miel).

1. Préchauffez le four à 180 °C (th. 6).

2. Dénoyautez et pelez le brugnon. Coupez-le en dés. Épluchez la mangue et coupez-la en dés. Épluchez la banane et coupez-la en rondelles.

3. Déposez les fruits au centre d'un carré de papier sulfurisé. Arrosez de jus de citron vert et de sirop d'agave. Parsemez de noix de coco. Refermez l'aumônière avec de la ficelle alimentaire.

4. Enfournez 15 minutes.

Le petit plus de la paresseuse

Pour peler un brugnon, une pêche ou un abricot, c'est aussi facile que pour peler une tomate : un plongeon express dans l'eau bouillante et la peau file toute seule sous la pulpe du doigt.

5 bonnes raisons de lunch-boxer toute l'année

1. Il y a de bonnes choses à lunch-boxer à chaque saison.
Adoptez le réflexe produits de saison. C'est plus écolo, c'est moins onéreux et c'est surtout une vraie façon d'apprendre à cuisiner sans complexes. Demandez conseil à vos commerçants sur ce qu'il y a de meilleur à consommer à tel ou tel moment. Ensuite, vous n'aurez qu'à faire parler votre créativité pour mettre vos produits en boîte !

2. L'effet lunch box se mesure à la régularité.
Vous êtes passée à la lunch box pour garder la ligne, pour réduire vos dépenses ou pour rester en pleine santé. Quelles que soient vos raisons, vous profiterez mieux et plus durablement des bienfaits de la lunch box si vous pratiquez régulièrement. Côté porte-monnaie par exemple : une lunch box de temps en temps, c'est 10 ou 15 euros de gagnés sur le mois, mais une lunch box 5 jours par semaine, c'est déjà pas loin de 150 euros d'économisés. Ça change un peu la donne, tout de suite !

3. Le cadre est sans cesse susceptible de varier.
Il n'y a pas que la salle commune des salarié(e)s ou votre bout d'open-space qui sont le cadre idéal pour lunch-boxer. Regardez par la fenêtre le temps qu'il fait : un beau rayon de soleil, même en hiver, mérite qu'on descende les escaliers pour aller lunch-boxer au parc et prendre le bon air frais.

4. Les coups de chaleur peuvent être épargnés à votre lunch box.
Lunch-boxer en hiver n'est jamais un problème. S'il n'y a pas de frigo à l'étage, vous pouvez toujours déposer votre box à l'ombre sur le rebord de la fenêtre, elle sera à l'abri des coups de chaud qui pourraient favoriser la prolifération de bactéries.

En été, si vous n'avez toujours pas de frigo à proximité, vous pouvez placer votre lunch box dans un lavabo rempli d'eau froide ou, mieux encore, l'emporter dans un sac isotherme. Évitez quand même en ce cas tous les produits à risque : les crustacés, les viandes, les produits laitiers frais (yaourt, fromage blanc, fromages frais…).

5. Votre box peut aussi partir en vacances.
Elle est faite pour le bureau, mais elle est aussi parfaite pour la rando. Et aussi pour le casse-croûte en haut des pistes, pour les pique-niques printaniers, pour l'encas dans le train, pour le goûter au bord de la piscine, pour une garden-party improvisée…

4

Comment voir du pays derrière son ordi avec une world box

10 menus pour aller voir ailleurs dans quelle catégorie on boxe

La world food, on en raffole. Ça a commencé il y a une trentaine d'années, avec le poulet aux pousses de bambou et les nougats au sésame du chinois d'en bas. Depuis, ça n'a jamais cessé : bar à tapas, japonais à sushis, tex-mex, indiens, thaï... Souvent bon marché, ces petits restos nous font voyager entre midi et deux. Mais savez-vous que vous pouvez aussi vous essayer à la cuisine venue d'ailleurs à la maison, et même pour préparer vos box ? N'attendez plus pour faire voir du pays à vos pique-niques : mettez-le monde entier en boîte !

La British box

Chez nos cousins d'outre-Manche, la box est une véritable culture. Tous les écoliers ont la leur et les parents ne mettent pas que du corned-beef dans les sandwichs. Faites un saut à Londres entre midi et deux avec cette box *so british* !

Entrée : carottes râpées poêlées
Plat : kidney pies
Dessert : scones au lemon curd

Carottes râpées poêlées

Qui a dit que la carotte en entrée, c'était forcément sous forme de crudités ? Nos cousins anglais la font poêler comme une julienne, avec de l'orange et de la coriandre. Même que c'est *very good* !

Pour 2 portions

250 g de carottes – ½ orange – 1 bouquet de coriandre – 1 c. à s. de ketchup – 1 c. à c. de sucre – 1 c. à s. de Worcestershire sauce – sel, poivre.

1. Lavez et pelez les carottes. Râpez-les.

2. Épluchez l'orange et pelez les quartiers pour ne garder que la chair.

3. Dans une poêle chaude légèrement huilée, faites sauter les carottes avec les quartiers d'orange. Laissez refroidir. Lavez et ciselez la coriandre. Ajoutez à la poêlée de carottes.

4. Mélangez le ketchup, la Worcestershire sauce et le sucre. Rectifiez l'assaisonnement. Nappez la salade de carottes poêlées avec ce mélange.

Le petit plus de la paresseuse

Des noisettes concassées ou des cacahuètes grillées non salées apporteront du croquant à cette VO de la carotte râpée.

Kidney pies

La tourte de viande aux rognons est un grand classique de la cuisine tradi des *grannies*. La voici en portions individuelles.

Pour 2 pies

1 pâte feuilletée – 250 g de steak de bœuf – 100 g de rognons de bœuf – 1 poignée de champignons de Paris – 1 oignon – 2 échalotes – 1 c. à s. de Worcestershire sauce – 1 bouquet garni – 1 jaune d'œuf – sel, poivre.

1. Préchauffez le four à 210 °C (th. 7).

2. Lavez les rognons en les faisant tremper 1 heure dans un bol d'eau salée. Coupez le steak en gros dés. Salez, poivrez.

3. Épluchez et émincez finement les échalotes et l'oignon. Faites revenir dans une casserole chaude légèrement huilée. Ajoutez les morceaux de viande, la Worcestershire sauce et le bouquet garni. Faites sauter puis laissez mijoter à couvert pendant 1 heure. Ajoutez les champignons émincés et faites cuire pendant 5 minutes à feu doux. Si la sauce est trop liquide, incorporez 1 c. à s. de farine et prolongez la cuisson 5 minutes à découvert.

4. Partagez la pâte feuilletée en deux demi-cercles. Déposez la farce sur une moitié de chaque demi-cercle. Refermez, collez et dorez avec le jaune d'œuf. Enfournez sur une plaque de cuisson recouverte de papier sulfurisé pendant 30 minutes.

Le petit plus de la paresseuse

Pour une version *irish* de ces *pies* qu'on trouve partout au Royaume-Uni, faites mariner la viande dans le whisky.

Scones au lemon curd

D'accord, ce menu *british* n'est pas le plus équilibré qu'on ait jamais fait. Mais peut-on vraiment se passer d'une recette de scones et de lemon curd quand on parle de *british cooking* ?

Pour 6 scones

250 g de farine – 20 g de sucre – 75 g de beurre – 15 cl de lait – 1 jaune d'œuf – 1 sachet de levure chimique.

1. Préchauffez le four à 210 °C (th. 7).

2. Mélangez la farine, la levure et le sucre. Incorporez le beurre froid coupé en dés en travaillant du bout des doigts comme pour une pâte sablée. Incorporez le lait.

3. Abaissez la pâte sur 3 cm d'épaisseur et confectionnez des cercles à l'aide d'un emporte-pièce.

4. Disposez sur une plaque à biscuits couverte de papier sulfurisé, dorez au jaune d'œuf et enfournez pendant 20 minutes.

Le petit plus de la paresseuse

Les *British* aiment aussi les scones aux raisins secs (à raison) : incorporez une petite poignée de raisins de Corinthe juste avant le lait.

Pour un pot de lemon curd

2 citrons – 50 g de beurre – 100 g de sucre – 2 œufs.

1. Zestez et pressez les citrons. Faites chauffer avec le sucre et le beurre.

2. Hors du feu, incorporez les œufs, puis remettez à feu très doux, sans cesser de remuer pendant 20 minutes. C'est prêt !

Le petit plus de la paresseuse

Le lemon curd est parfait avec les scones, mais il aime aussi fourrer les crêpes et il peut servir de garniture toute prête pour une tartelette au citron express.

La Mex box

Au Mexique, il n'y a pas que des tortillas ! Osez une box *harribaaaaa* avec des avocats, du maïs et du piment à gogo.

Entrée : guacamole express
Plat : wraps de poulet aux courgettes marinées
Dessert : gâteaux de maïs au piment

Guacamole express

Un incontournable à tartiner, à manger à la petite cuillère ou pour accompagner des tacos.

Pour 2 portions
1 avocat très mûr – le jus de 1 citron vert – 1 petit oignon – 2 Carré Frais – 1 pointe de couteau de piment.

1. Épluchez et émincez finement l'oignon.
2. Écrasez la chair de l'avocat avec les Carré Frais. Arrosez de jus de citron vert et saupoudrez de piment. Incorporez l'oignon.

Le petit plus de la paresseuse
Ne croyez pas les on-dit : le noyau d'avocat dans le pot n'a jamais empêché un guacamole de noircir (en revanche, il le rend nettement moins *friendly*). Pour limiter l'oxydation, il n'y a qu'une solution : la touche d'acidité, qu'apporte justement le jus de citron.

Wraps de poulet aux courgettes marinées

C'est le sandwich à la mode ! Fourrez vos galettes de blé de tout ce qui vous fait envie, sans hésiter.

Pour 2 wraps

2 galettes de blé souples – 1 escalope de poulet – 1 courgette – 4 c. à s. d'huile d'olive – 1 gousse d'ail – ½ c. à c. de graines de coriandre – 3 c. à s. de guacamole – 1 petite tomate – sel, poivre.

1. Lavez et coupez la courgette en fines tranches. Grillez-les rapidement de chaque côté dans une poêle chaude sans matière grasse. Pressez l'ail et mélangez à l'huile avec les graines de coriandre. Faites mariner vos rondelles de courgette grillée.

2. Essuyez et coupez l'escalope de poulet en petits dés. Salez, poivrez et faites sauter 2 minutes à la poêle.

3. Lavez et concassez la tomate.

4. Faites ramollir les galettes en les trempant brièvement dans l'eau tiède. Tartinez de guacamole, puis garnissez avec la tomate, les rondelles de courgette égouttées et les dés de poulet. Pliez, refermez, le tour est joué !

Le petit plus de la paresseuse

Envie de faire vous-même vos galettes de blé ? C'est d'une redoutable simplicité : mélangez 250 g de farine avec une pincée de sel et 50 g de beurre froid coupé en dés. Incorporez 1,5 litre d'eau, divisez en plusieurs boules, abaissez finement, cuisez comme des crêpes à la poêle, sans faire colorer.

Gâteaux de maïs au piment

Des petits gâteaux sucrés-épicés sans gluten.

Pour 6 gâteaux

1 boîte de grain de maïs – 3 c. à s. de Maïzena – 50 g de sucre – 60 g de beurre – 2 œufs – 25 g de beurre mou – 50 cl de lait – ½ sachet de levure chimique – ½ c. à c. de piment.

1. Préchauffez le four à 180 °C (th. 6).

2. Travaillez les 60 g de beurre et le sucre jusqu'à ce que le mélange blanchisse. Incorporez les jaunes d'œufs et battez énergiquement.

3. Égouttez soigneusement le maïs et mixez finement avec la crème fraîche et le lait. Incorporez au mélange beurre-sucre-œuf.

4. Ajoutez la farine, la levure, le piment et incorporez délicatement les blancs battus en neige.

5. Répartissez la préparation dans des moules à muffins beurrés (avec les 25 g restants) et enfournez 35 minutes.

Le petit plus de la paresseuse

Allez, une petite cuillère de crème fraîche de temps en temps, ça n'a jamais empêché de rentrer dans un jean. Trempez-y donc ces petits gâteaux exquis !

La Russian box

Un petit saut à l'heure du déj à Saint-Pétersbourg en passant par Budapest ? Mettez l'âme slave dans votre box !

Entrée : betteraves pas comme à la cantine
Plat : salade de pommes de terre à la russe
Dessert : mini-gerbos hongrois

Betteraves pas comme à la cantine

La betterave caoutchouteuse en cubes dégoulinants de jus, cherchez pas, moi aussi j'ai horreur de ça. Pour redécouvrir la betterave en salade, tentez cette entrée façon tartare.

Pour 2 portions
1 betterave cuite – 1 c. à s. de fromage ail et fines herbes – 1 cornichon malossol – sel, poivre.

1. Épluchez la betterave et détaillez-la en petits dés dans une assiette. Émincez finement le cornichon.
2. Diluez le fromage ail et fines herbes avec un peu de jus de betterave récupéré dans l'assiette et utilisez-le comme vinaigrette. Rectifiez l'assaisonnement.

Le petit plus de la paresseuse
Vous pouvez enrichir cette recette en incorporant ½ œuf dur écrasé au fromage ail et fines herbes.

Salade de pommes de terre à la russe

Un aperçu moscovite de la sacro-sainte salade de pommes de terre de pépé : ça va déménager !

Pour 2 portions
250 g de pommes de terre – 100 g de carottes – 2 cornichons malossol – 1 c. à c. de câpres – 2 œufs – 1 petite boîte de thon au naturel – 3 c. à s. de mayonnaise – sel, poivre.

1. Faites cuire les pommes de terre lavées mais non épluchées et les carottes détaillées en grosses rondelles dans l'eau bouillante salée pendant 20 minutes. Rafraîchissez, pelez et coupez les pommes de terre en gros dés. Égouttez les carottes (qui doivent être encore croquantes).
2. Émincez les cornichons. Égouttez le thon.
3. Mélangez tous les ingrédients avec la mayonnaise. Rectifiez l'assaisonnement.

Le petit plus de la paresseuse
Vous l'aimez quand même, la salade de pommes de terre de pépé ? Mixez les genres : ajoutez une échalote finement ciselée et remplacez la mayo par de l'huile d'olive.

Mini-gerbos hongrois

C'est le gâteau officiel de la Hongrie : brioché et enrichi en confiture d'abricots et noix, il est super-énergétique mais franchement délicieux.

Pour 6 gâteaux

250 g de farine – 125 g de beurre – 1 œuf – 1 sachet de levure de boulangerie – 5 cl de lait sucré – ½ sachet de levure chimique – 200 g de confiture d'abricots – 100 g de cerneaux de noix.

1. La veille, mélangez la farine, le beurre, l'œuf, la levure chimique et la levure de boulangerie diluée dans le lait sucré.
2. Préchauffez le four à 160 °C (th. 5-6).
3. Dans un bol, mélangez la confiture et les noix hachées.
4. Dans de grands moules à muffins, déposez une couche de pâte, une couche de confiture, puis une seconde couche de pâte.
5. Enfournez 15 à 20 minutes.

Le petit plus de la paresseuse

Si vous avez le temps, laissez reposer la pâte entre chaque étape : après la couche de confiture, après la seconde couche de pâte. La texture briochée n'en sera que plus aérée.

L'Italian box

Ma ! Che c'est bon de louncher à l'italienne…

Entrée : croquants de tomates séchées et parmesan
Plat : pasta en salade romaine
Dessert : amaretti

Croquants de tomates séchées et parmesan

Allez, ça change de la caprese et ça se mange du bout des doigts, sans couteau ni fourchette. Sous la dent, la *dolce vita* craquante à souhait.

Pour 1 douzaine de croquants

100 g de farine à pain – 30 g de beurre – 30 g de parmesan – 1 œuf – 1 petite poignée de tomates séchées – ½ sachet de levure chimique.

1. Mélangez la farine, le parmesan, la levure et le beurre froid coupé en dés.

2. Détaillez les tomates séchées en petits morceaux. Incorporez à la pâte.

3. Formez un boudin, emballez de film alimentaire et laissez reposer au frais 1 heure.

4. Préchauffez le four à 180 °C (th. 6).

5. Tronçonnez le boudin de pâte en tranches de 3 cm d'épaisseur. Déposez sur une plaque à biscuits recouverte de papier sulfurisé et enfournez 10 minutes.

Le petit plus de la paresseuse

Tartinez vos croquants de tapenade, de tartare de tomate ou de fromage de chèvre mélangé à du mascarpone.

Pasta en salade romaine

La *pasta* italienne dans sa version Fredo.

Pour 2 portions

150 g de farfalles – 6 tomates cerises – 8 billes de mozzarella – 2 tranches de jambon de parme – 1 poignée de pignons de pin – 1 bouquet de basilic – 1 citron – 3 c. à s. d'huile d'olive – sel, poivre.

1. Faites cuire les farfalles *al dente* dans l'eau bouillante salée (environ 8 minutes). Laissez refroidir.

2. Ajoutez les tomates cerises coupées en deux, les billes de mozzarella et le jambon de parme effiloché.

3. Faites griller les pignons dans une poêle chaude sans matière grasse. Laissez refroidir et ajoutez à la salade.

4. Lavez et effeuillez le bouquet de basilic.

5. Préparez une vinaigrette express avec le jus du citron et l'huile d'olive. Rectifiez l'assaisonnement.

Le petit plus de la paresseuse

Pour changer de la mozza et jouer la carte du métissage, mettez de la feta dans cette salade.

Amaretti

Que tous ceux et celles qui n'ont jamais réussi à faire des macarons de leur vie se jettent sur cette recette typiquement outralpine, largement aussi bonne mais nettement moins tape-à-l'œil (*dixit*, avec une certaine amertume, celle qui n'a jamais réussi à faire des macarons de sa vie).

Pour une douzaine de gâteaux

100 g de poudre d'amandes – 100 g de sucre glace – 1 blanc d'œuf – 3 gouttes d'extrait d'amande amère.

1. Préchauffez le four à 160 °C (th. 5-6).

2. Mélangez le sucre glace et la poudre d'amandes. Incorporez le blanc d'œuf battu avec l'extrait d'amande amère.

3. Répartissez la pâte en petits tas de la taille d'une noix sur une plaque à biscuits couverte de papier sulfurisé.

4. Enfournez 15 minutes.

Le petit plus de la paresseuse

Faites-vous des copains à l'étage en allant proposer vos surplus d'amaretti aux collègues à l'heure du café.

La Spanish box

Une box à tapas, ça vous dit ? Olé !

Entrée : patatas bravas
Plat : tortilla
Dessert : crèmes catalanes

Patatas bravas

Rien que pour elles, traversez les Pyrénées… et rentrez la bouche en feu, mais le palais heureux !

Pour 2 portions

2 grosses pommes de terre – 1 oignon – 1 gousse d'ail – 1 pointe de couteau de purée de piments – 1 petite boîte de concentré de tomates – 2 c. à s. d'huile d'olive.

1. Préchauffez le four à 260 °C (th. 8-9).
2. Lavez, pelez et coupez les pommes de terre en gros dés. Disposez-les dans un plat à gratin avec l'huile d'olive. Enfournez 25 minutes.
3. Épluchez et émincez l'oignon. Faites revenir dans une poêle chaude légèrement huilée. Ajoutez le concentré de tomates et la gousse d'ail pressée, puis le piment.
4. Nappez vos pommes de terre avec cette sauce.

Le petit plus de la paresseuse
Ajoutez à la sauce des petites tranches fines de chorizo sec.

Tortilla

Les tapas, c'est sans se la taper !

Pour 4 portions
700 g de pommes de terre – 1 gros oignon – 5 œufs – sel, poivre.

1. Lavez, pelez et râpez les pommes de terre. Épluchez et émincez finement l'oignon.
2. Faites revenir les oignons et les pommes de terre râpées dans une poêle chaude légèrement huilée. Une fois que les pommes de terre sont cuites, versez dans un saladier.
3. Battez les œufs. Mélangez avec les pommes de terre et les oignons. Rectifiez l'assaisonnement.
4. Versez dans une poêle très chaude légèrement huilée. Baissez le feu et laissez cuire 3 minutes. Retournez délicatement la

tortilla et faites cuire l'autre face 3 minutes. Laissez refroidir avant de couper en quartiers.

Le petit plus de la paresseuse

La petite sauce des patatas bravas (ci-dessus) réussit bien à la tortilla.

Crèmes catalanes

Mettez un petit pot de crème *made in Barcelona* dans votre box !

Pour 4 petits pots
75 cl de lait – 4 jaunes d'œufs – 150 g de sucre – 40 g de Maïzena – le zeste de 1 citron – ½ c. à c. de cannelle en poudre.

1. Faites chauffer le lait avec la cannelle et le zeste de citron.
2. Battez les jaunes d'œufs, le sucre et la Maïzena. Versez le lait chaud sans cesser de remuer avec un fouet.
3. Faites chauffer à feu doux jusqu'à ce que la crème épaississe.
4. Répartissez dans des pots individuels. Laissez refroidir.

Le petit plus de la paresseuse

Vous l'aimez façon crème brûlée ? Si vous la faites à la maison, saupoudrez de cassonade et passez 5 minutes au gril avant de déguster.

La box thaï

Faites de la box de compèt avec ces petites recettes aux saveurs si raffinées de la cuisine thaïlandaise.

Entrée : salade de papaye verte
Plat : brochettes de gambas parfumées
Dessert : p'tits pots de riz au lait de coco

Salade de papaye verte

THE salade thaïlandaise, ultra-fraîche, ultra-croquante, ultra-parfumée…

Pour 2 portions

1 petite papaye verte – 1 carotte – 1 tomate – 1 gousse d'ail – 1 c. à s. de crevettes séchées – 1 pointe de couteau de purée de piments – 1 c. à c. de sucre – 1 c. à s. de nuoc-mâm – 1 citron vert – 1 bouquet de coriandre – 1 poignée de cacahuètes non salées.

1. Épluchez et râpez la papaye et la carotte. Lavez et concassez la tomate. Lavez et ciselez la coriandre. Ajoutez les crevettes séchées.

2. Dans un bol, diluez le sucre dans le jus de citron vert. Ajoutez le nuoc-mâm, la purée de piments et l'ail pressé. Versez sur la salade.

3. Faites griller à sec les cacahuètes dans une poêle chaude. Laissez refroidir et saupoudrez sur la salade.

Le petit plus de la paresseuse

Pas de crevettes séchées au rayon *world food* de votre supermarché ? Remplacez par des crevettes cocktail soigneusement égouttées.

Brochettes de gambas parfumées

Marquez des points en partageant avec vos collègues ces petites brochettes au goût de paradis.

Pour 6 brochettes

12 gambas cuites – 6 tomates cerises – 1 pouce de gingembre – 1 bouquet de coriandre – 1 gousse d'ail – 1 pointe de couteau de purée de piments – ½ c. à c. de citronnelle déshydratée – 1 citron vert – 2 c. à s. de nuoc-mâm – 2 c. à s. de graines de sésame – poivre.

1. Pelez et râpez le gingembre. Lavez et ciselez la coriandre. Mélangez avec le nuoc-mâm, le jus de citron vert, la citronnelle, le piment, l'ail pressé et le poivre.

2. Décortiquez les gambas et faites-les mariner dans le mélange pendant 1 heure.

3. Préchauffez le four à 180 °C (th. 6).

4. Trempez les gambas marinées dans les graines de sésame. Piquez une gamba au bout d'une pique à brochette en bois, puis piquez une tomate cerise, puis à nouveau une gamba et une tomate cerise pour finir.

5. Enfournez 10 minutes.

Le petit plus de la paresseuse
Pour accompagner, préparez-vous un petit bol de riz thaï que vous ferez juste réchauffer au micro-ondes au moment de passer à table.

P'tits pots de riz au lait de coco

Le riz au lait de mamie a vu du pays…

Pour 4 petits pots
50 cl de lait – 30 cl de lait de coco – 50 g de sucre – 100 g de riz rond à dessert – 2 c. à s. de graines de sésame.

1. Faites chauffer le lait avec le sucre.
2. Ajoutez le riz et baissez le feu. Remuez régulièrement pendant 20 minutes. Ajoutez le lait de coco et poursuivez la cuisson 5 minutes. Répartissez dans les pots.
3. Faites dorer à sec les graines de sésame dans une poêle chaude. Saupoudrez au-dessus de chaque petit pot.

Le petit plus de la paresseuse
Ajoutez des dés de mangue bien mûre pour un goût encore plus exotique.

La Scandinavian box

Rendez-vous à midi quelque part en Europe du Nord…

Entrée : gravlax comme Estérelle
Plat : sandwichs Ikéa
Dessert : tartelettes aux Daim

Gravlax comme Estérelle

Ma copine Estérelle, qui porte un nom de fée de quelque légende lointaine, prépare un gravlax bluffant dont elle m'a confié la recette.

Pour 2 portions
300 g de filet de saumon avec la peau – 1 c. à s. de sucre – 1 c. à s. de gros sel – 1 c. à c. de baies roses – ½ c. à c. de graines de coriandre – ½ c. à c. de cardamome en poudre – le zeste de ¼ de citron – 1 petit bouquet d'aneth.

1. Mélangez la cardamome, les graines de coriandre et les baies roses avec le sucre, le sel et le zeste de citron.
2. Posez le saumon sur sa peau dans un plat. Frottez avec le mélange d'épices. Couvrez avec du film alimentaire et laissez reposer au réfrigérateur pendant 48 heures en vidant régulièrement la saumure.
3. Séchez et parsemez d'aneth haché. Laissez reposer encore 24 heures au frais avant de couper des portions.

Le petit plus de la paresseuse

Ne le dites pas trop fort, mais Estérelle ajoute de la vodka à la marinade de son gravlax.

Sandwichs Ikea

Vous avez fait une virée chez Ikea et rempli le coffre de meubles Vroklük et autres Gronstan ? Pour vous donner le courage de déchiffrer la notice, passez par l'épicerie suédoise : il y a de quoi vous faire un miam sandwich !

Pour 2 sandwichs

2 pains suédois – 6 harengs marinés aux oignons – 2 c. à s. de beurre – 1 c. à s. de crème aigre – 2 œufs – 1 petit bouquet de ciboulette – 1 feuille de salade.

1. Lavez et ciselez la salade et la ciboulette. Égouttez les harengs sur une feuille de papier absorbant.

2. Faites cuire les œufs mollets pendant 8 minutes dans l'eau bouillante. Rafraîchissez et écalez.

3. Beurrez l'intérieur des pains suédois. Garnissez de salade et de ciboulette. Posez les harengs et couvrez de crème aigre. Ajoutez les œufs mollets coupés en rondelles. Refermez les sandwichs.

Le petit plus de la paresseuse

L'épicerie suédoise regorge de produits de la mer marinés et de viandes fumées. Faites varier les idées.

Tartelettes aux Daim

Le dessert qui justifie le sac familial de Daim qu'on a rapporté du supermarché !

Pour 4 tartelettes
1 pâte sablée – 100 g de Daim – 15 cl de crème liquide.

1. Préchauffez le four à 210 °C (th. 7).
2. Chemisez des moules à tartelettes avec la pâte sablée et faites cuire à blanc pendant 10 minutes.
3. Mixez les Daim. Ajoutez la crème et faites chauffer à feu doux pendant 5 minutes sans cesser de remuer.
4. Garnissez les fonds de tartelettes de crème aux Daim et réfrigérez pendant au moins 2 heures.

Le petit plus de la paresseuse
Faites vous-même la pâte sablée avec 250 g de farine, 125 g de sucre, 100 g de beurre, 1 œuf et une pincée de sel passés au mixeur quelques secondes à pleine puissance.

La Greek box

Menu anticrise pour un déj à la cool comme sur une île ensoleillée.

Entrée : caviar d'aubergine comme Vassilis
Plat : pita veggie sandwichs
Dessert : loukoums

Caviar d'aubergine comme Vassilis

Mon ami Vassilis, qui vient d'Égine, fait un succulent caviar d'aubergine. Voici sa recette.

Pour 2 portions

1 aubergine – 1 oignon – 1 gousse d'ail – 3 c. à s. d'huile d'olive – 1 c. à c. de vinaigre balsamique – 1 c. à s. de gros sel – sel, poivre.

1. Préchauffez le four à 240 °C (th. 8).

2. Lavez l'aubergine, piquez sa peau avec une fourchette. Enfournez 50 minutes.

3. Épluchez, dégermez et pressez l'ail. Ouvrez l'aubergine et prélevez la chair à l'aide d'une cuillère. Épluchez et émincez très finement l'oignon.

4. Faites revenir l'ensemble à feu doux dans une casserole avec l'huile d'olive et le vinaigre balsamique.

Le petit plus de la paresseuse

Vous pouvez ajouter quelques olives noires dénoyautées et mixées pour marier cette recette avec celle de la tapenade.

Pita veggie sandwichs

Parce que ce sandwich grec végétarien à déguster le midi, c'est quand même autre chose que le kebab dégoulinant qu'on engloutit le dimanche, au petit matin en sortant de boîte de nuit.

Pour 2 sandwichs

2 pains pita – 1 yaourt grec – 2 feuilles de salade – 1 petit concombre – 1 bouquet de ciboulette – 1 tomate – 1 oignon – 6 olives – 100 g de feta – ½ citron – sel, poivre.

1. Lavez et concassez la tomate. Lavez et ciselez la salade et la ciboulette. Épluchez et émincez finement l'oignon. Dénoyautez les olives. Épluchez, coupez, égrenez le concombre et détaillez-le en dés.

2. Mélangez tous les légumes avec le yaourt. Arrosez de jus de citron. Rectifiez l'assaisonnement. Détaillez la feta en dés.

3. Garnissez les pitas avec le yaourt aux crudités et la feta.

Le petit plus de la paresseuse

Vous pouvez aussi garnir votre pita de caviar d'aubergine préparé comme ci-dessus et de crudités de votre choix (carottes râpées, poivrons marinés…).

Loukoums

On ne tranchera pas ici la question hautement diplomatique sur l'origine turque ou grecque du loukoum… On se contentera d'en donner notre (exquise) recette.

Pour une douzaine de loukoums

100 g de sucre – 30 cl d'eau – 1 c. à s. de Maïzena – 1 c. à s. de sucre glace – 3 gouttes d'eau de rose – 1 feuille de gélatine.

1. Faites tremper la gélatine dans un bol d'eau froide.

2. Préparez un sirop avec l'eau et le sucre. Ajoutez la gélatine et portez à ébullition sans cesser de remuer. Refroidissez la casserole en plongeant son cul dans l'eau froide. Incorporez l'eau de rose.

3. Versez dans un plat rectangulaire et laissez reposer 24 heures au frigo.

4. Tamisez le sucre glace avec la Maïzena. Coupez des rectangles de loukoums et roulez-les dans ce mélange.

Le petit plus de la paresseuse

Vous voulez donner une belle couleur rose tendre à vos loukoums sans y ajouter de colorant artificiel ? Versez quelques gouttes de jus de betterave à la préparation, en même temps que l'eau de rose.

La Bollywood box

Une petite gamelle entre deux prises d'un soap opera en sari, ça vous dit ?

Entrée : cheese nans express
Plat : curry de lentilles aux œufs
Dessert : barfis

Cheese nans express

Il paraît qu'on ne mange pas beaucoup de nans au fromage en Inde… Mais en France, dans les restos indiens, on se jette sur ces galettes crémeuses comme sur du bon pain !

Pour 2 cheese nans
2 pains pitas – 2 Vache qui rit®.

1. Faites une entaille de 3 cm sur la tranche de vos pains pitas. Faites glisser une Vache qui rit® à l'intérieur. Appuyez avec le plat de la main pour répartir le fromage.
2. Passez 40 secondes au micro-ondes à pleine puissance.

Le petit plus de la paresseuse
Vous pouvez aussi mélanger quelques graines de cumin à votre Vache qui rit® préalablement écrasée avant de fourrer le pain.

Curry de lentilles aux œufs

Les lentilles vertes ont diététiquement tout bon : elles sont peu caloriques, riches en fer et en fibres, en magnésium et en potassium. Oui, mais on n'a pas toujours envie de s'en faire une ventrée. Sauf si c'est sous forme de curry à l'indienne.

Pour 2 portions
80 g de lentilles vertes – 40 cl de bouillon de légumes – 3 œufs – 1 oignon – 2 tomates – 1 carotte – 1 pouce de gingembre – 1 gousse d'ail – ½ c. à c. de pâte de curry – 1 pointe de couteau de purée de piments – sel, poivre.

1. Faites cuire les œufs 10 minutes dans l'eau bouillante. Stoppez la cuisson sous l'eau froide, écalez-les et coupez-les en quatre dans le sens de la hauteur.

2. Lavez, épluchez et coupez la carotte en petits dés. Faites-les cuire dans l'eau bouillante salée pendant 10 minutes. Lavez et concassez la tomate.

3. Pelez et râpez le gingembre, pressez l'ail. Mélangez avec la pâte de curry. Salez, poivrez.

4. Rincez les lentilles. Faites-les cuire dans une casserole avec le bouillon pendant 15 à 20 minutes à couvert avec les oignons. Ajoutez le mélange d'ail, gingembre et curry, les carottes et les tomates. Poursuivez la cuisson à feu doux pendant 10 minutes.

5. Ajoutez les œufs et faites mijoter 5 minutes.

Le petit plus de la paresseuse

Envie de viande ? Remplacez les œufs par des cubes de bœuf ou des gros dés de poulet que vous ferez braiser avec les lentilles dès le début de la cuisson.

Barfis

Vive ces petits gâteaux d'amandes parfumés, parfaits pour finir de lunch-boxer comme à Bombay !

Pour une dizaine de gâteaux

100 g d'amandes en poudre – 50 g de sucre – 50 cl de lait – ½ c. à c. de cardamome en poudre – 10 g de beurre clarifié (fondu et filtré pour le débarrasser du petit lait).

1. Faites chauffer le lait et le sucre. Ajoutez la poudre d'amandes et poursuivez la cuisson 5 minutes sans cesser de remuer. Hors du feu, incorporez la poudre de cardamome et le beurre clarifié.

2. Étalez la pâte sur une plaque à biscuits couverte de papier sulfurisé. Laissez tiédir avant de découper en portions rectangulaires.

Le petit plus de la paresseuse

Vous pouvez ajouter des pistaches non salées dans la pâte pour apporter de la saveur et du croquant sous la dent.

La Yankee box

Comme un petit air de pique-nique à Central Park dans cette box américaine garantie « ligne de star ».

Entrée : carrot juice aux épices
Plat : Caesar salad
Dessert : cookies aux noix de pécan

Carrot juice aux épices

Offrez un ami venu de NYC à votre lunch box : un mug hermétique dans lequel les Américains boivent leur café long, leur thé ou leur jus maison dans la rue, au bureau, au ciné…

Pour 1 mug

1 carotte – 1 orange – 1 citron vert – 1 pouce de gingembre – ½ c. à c. de cannelle en poudre – ½ c. à c. de cardamome en poudre.

1. Épluchez l'orange et le citron vert. Lavez et pelez la carotte. Pelez le gingembre.

2. Passez l'ensemble à la centrifugeuse et ajoutez les épices.

Le petit plus de la paresseuse

Vous l'aimez plus sucré ? Remplacez l'orange par de la mangue !

Caesar salad

Tout l'art américain de prendre le meilleur de ce qui vient de partout dans le monde pour le cuisiner à sa sauce… exquise !

Pour 2 portions

1 cœur de laitue iceberg – 2 c. à s. de copeaux de parmesan – 1 petit avocat mûr – 1 tranche épaisse de pain aux céréales – 1 escalope de poulet – 1 œuf – 1 c. à c. de moutarde – 2 c. à s. de parmesan râpé – 1 gousse d'ail – 2 c. à s. d'huile d'olive – ½ citron – 1 trait de Tabasco – 1 c. à c. de câpres – sel, poivre.

1. Effeuillez, lavez et essorez la laitue. Épluchez et coupez l'avocat en dés.

2. Coupez le pain en dés. Faites griller dans une poêle chaude légèrement huilée pour faire des croûtons.

3. Émincez finement le poulet et faites sauter les tranches dans une poêle chaude légèrement huilée.

4. Mélangez la salade, les croûtons, l'avocat et le poulet avec les copeaux de parmesan.

5. Préparez la sauce : faites cuire l'œuf pendant 3 minutes dans l'eau bouillante. Écalez et mixez-le avec la gousse d'ail pelée et dégermée, la moutarde, les câpres, le parmesan râpé, le Tabasco, l'huile et le jus de citron. Rectifiez l'assaisonnement et versez sur la salade.

Le petit plus de la paresseuse
Envie de lardons plutôt que de poulet ? De tomates cerises plutôt que d'avocat ? *Feel free,* comme on dit là-bas !

Cookies aux noix de pécan

Ben voilà, c'était inévitable… Et puis, je suis *so proud* de cette recette-là !

Pour une douzaine de gros cookies
150 g de chocolat noir aux noix de pécan – 1 œuf – 90 g de cassonade – 90 g de farine – 50 g de sucre – 60 g de beurre mou.

1. Préchauffez le four à 180 °C (th. 6).
2. Cassez le chocolat en *chunks* (grosses pépites) à l'aide d'un grand couteau.
3. Travaillez la cassonade et le beurre jusqu'à ce que le mélange blanchisse. Incorporez l'œuf, la farine et les *chunks*. Pétrissez à la main.
4. Déposez de grosses cuillerées de pâte sur une plaque à biscuits couverte de papier sulfurisé. Enfournez 10 minutes. Laissez refroidir encore 10 minutes avant de décoller… et de déguster !

Le petit plus de la paresseuse

Le meilleur outil pour former des cookies de taille régulière (et généreuse), c'est la portionneuse à glace !

5 bons plans pour une box qui déménage vraiment

1. Fréquentez les rayons et boutiques exotiques.

Il n'y a pas que la sauce soja qui vienne d'Asie. Pas que le bun à burger qui vienne des States. Pas que le raifort qui vienne du Nord. Pas que la mozzarella qui vienne d'Italie. Faites le plein de produits venus d'ailleurs et le plein d'idées pour les cuisiner en parcourant la Toile, en demandant conseil à l'épicier, en consultant des petits livres de recettes…

2. Mix'n matchez.

Pas de purisme en matière de world food ! Il est permis de tout essayer, de faire se rencontrer les saveurs et de métisser les mets. Osez le nuoc-mâm dans les préparations typiquement de chez nous, la mozzarella dans les plats indiens, le vinaigre de riz dans les plats italiens… C'est toute l'histoire de l'alimentation et du goût, faite d'échanges et de curiosité pour l'ailleurs qui s'invite dans votre box.

3. Lancez-vous dans les semaines à thème.

Dans ce guide, il n'y a qu'un menu proposé pour chaque région citée. Mais il y a évidemment foule de recettes du monde à essayer. Donnez-vous des challenges : une semaine de box à la russe, une semaine de box à la mexicaine, une semaine de box à la catalane… Sans oublier toutes les régions du globe dont on ne parle pas ici mais dont la cuisine se laissera volontiers emboîter : un mafé sénégalais, une feijoada comme à Rio, des mezze libanais, des acras martiniquais, des croquettes de morue portugaises…

4. Buvez cosmopolite.

On a évoqué le mug new-yorkais pour les jus pressés et le *long coffee*, mais sachez qu'il a le cœur ouvert à tous les horizons : il reçoit avec autant de simplicité les thés d'Asie, les infusions de bissap d'Afrique, le lassi indien, la chicha chilienne (à consommer avec modération), le lait d'amande maghrébin…

5. Cuisinez les mamas (et les papas) de vos copines et copains.

La world food, c'est aussi une affaire de famille. Au-delà des grands traits caractéristiques de chaque région, chaque mama et chaque papa a ses recettes héritées de la tradition familiale. Faites comme moi, demandez à Nadia comment sa mère fait les *makrouts*, à Jessica comment son père fait les *fishcakes* au whisky, à Marisa comment sa belle-sœur prépare les *quesadillas*, à Claudio comment son frère réussit le *panettone*, à Lola ce qu'on mange de bon à Bucarest, à Élodie comment sa *nanny* singapourienne fait son diabolique *black pepper crab*, à Emmanuelle ce qu'elle a préféré pendant son expatriation à Dubaï, à Thomas la recette de salade vietnamienne de sa femme Hnu…

5

Comment se faire un trois-étoiles sur le pouce avec une gastro box

10 menus pour se gâter à l'heure du déjeuner

Mettez les grands plats dans les petits ! Ce n'est pas parce qu'on pique-nique au bureau qu'on n'a pas le palais fin et le goût des (très) bonnes choses. Assumez la box de luxe ! Après tout, la tranche de foie gras qui reste après le repas de fête, on ne va pas la laisser périr dans le frigo en attendant Noël prochain, non ? Et l'huile de truffe, si on en a acheté, ce n'est pas pour la faire boire au chien, n'est-ce pas ? Et si on a envie de fêter son anniv' au bureau en invitant tout le monde à boxer en catégorie trois étoiles, ça justifie bien une petite gamelle de star !

La snob box

Saviez-vous que le sandwich est une invention snob par définition ? C'est la création d'un cuistot de casino pour un lord joueur qui ne voulait pas quitter la table de jeu pour se mettre à table tout court. Mais en bon dandy, l'aristo n'entendait pas non plus saloper sa manucure : on lui mit du pain autour de sa viande assaisonnée pour qu'il la consommât sans graisser ses cartes… Cette box est faite pour tous ceux et celles qui n'ont pas honte de boire leur thé l'auriculaire en l'air !

Entrée : salade de magret aux poires
Plat : clubs dandy
Dessert : crème à la violette

Salade de magret aux poires

Non, vous ne mettrez pas une vulgaire tranche de jambon dans votre entrée fraîche ! Votre truc à vous, ce serait plutôt le magret. Qu'à cela ne tienne, *my dear*.

Pour 2 portions
3 poignées de mâche – 6 tranches de magret de canard fumé – 1 poire – 1 poignée de noix décortiquées – 1 portion de très bon roquefort – 1 c. à c. de moutarde – 1 c. à s. de vinaigre de cidre – 2 c. à s. d'huile d'olive – sel, poivre du moulin.

1. Rincez soigneusement et essorez la mâche. Pelez et coupez la poire en quartiers puis en fines tranches. Concassez grossièrement les noix. Émiettez le roquefort. Mélangez les ingrédients et ajoutez les tranches de magret. Donnez un tour de poivre.
2. Préparez une vinaigrette avec la moutarde, le vinaigre de cidre et l'huile d'olive. Rectifiez l'assaisonnement.

Le petit plus de la paresseuse
Plutôt copeaux de parmesan que roquefort ? Pignons de pin que noix ? Tomates cerises que poire ? Tant que c'est chic, c'est permis !

Clubs dandy

Non, le sandwich n'est pas prolo ! Quand il s'affiche au menu des brasseries distinguées, il prend le nom très VIP de « club »… et joue plutôt en catégorie pain brioché que baguette franchouillarde !

Pour 2 clubs

4 tranches fines de brioche – 2 belles tranches de foie gras mi-cuit – 1 petite poignée de mesclun – ½ mangue – 1 pomme – 1 petit oignon – 1 c. à c. de vinaigre – 1 c. à s. de cassonade – 1 gousse d'ail – 1 petit pouce de gingembre – 1 pointe de couteau de piment – sel, poivre.

1. Préparez un chutney de mangue : épluchez et coupez la mangue et la pomme en petits dés. Pressez l'ail. Pelez et râpez le gingembre. Épluchez et émincez finement l'oignon. Faites compoter dans une casserole avec un fond d'eau. Quand l'eau s'est évaporée, ajoutez la cassonade, le piment et le vinaigre. Poursuivez la cuisson 2 minutes. Rectifiez l'assaisonnement.
2. Rincez et essorez le mesclun. Passez les tranches de brioche au grille-pain. Tartinez de chutney, déposez quelques feuilles de mesclun, une tranche de foie gras, puis à nouveau du mesclun, du chutney et refermez.
3. Découpez en triangles, à l'anglaise.

Le petit plus de la paresseuse

Pas de mangue sous la main ? Faites une confiture d'oignons au cognac : émincez les oignons, faites-les revenir dans une poêle légèrement beurrée à feu moyen. Arrosez de vinaigre, flambez au cognac, le tour est joué.

Crème à la violette

Une petite crème couleur lavande et saveur fleurie, parsemée de violettes cristallisées, spécial chic box.

Pour 2 petits pots
25 cl de lait – 20 cl de crème liquide – 1 c. à s. de Maïzena – 1 œuf – 2 c. à s. de sirop de violette – 1 c. à c. de violettes de Toulouse.

1. Faites chauffer le lait et le sirop. Diluez la Maïzena dans l'œuf battu. Incorporez au lait hors du feu.
2. Faites épaissir à feu doux, sans cesser de remuer. Quand la préparation nappe le dos d'une cuillère en bois, ajoutez la crème et poursuivez la cuisson 3 minutes.
3. Répartissez dans les pots. Laissez prendre au frigo pendant 2 heures. Parsemez de violettes cristallisées.

Le petit plus de la paresseuse
Tentez la même recette à la rose, avec de l'eau de rose et 1 c. à s. bombée de sucre.

La Christmas box

C'est la veille des vacances de Noël et la cantoche propose son incontournable dinde flottant dans le jus avec pommes dauphine à la friteuse suivie d'un petit parpaing de bûche à la crème au beurre ? Ne rentrez pas si brutalement dans le tunnel du cholestérol, car vous n'en sortirez pas avant le 2 janvier. Démarrez *light*, mais festif quand même, avec la même box que celle du Père Noël (quand il enfourche son renne de compèt).

Entrée : feuilletés d'escargots
Plat : poêlée de dinde aux marrons
Dessert : fudge

Feuilletés d'escargots

Pas simple de lunch-boxer sa douzaine de gros bourgognes au beurre aillé… Mais en version feuilletée, ça se fait et c'est *hot* !

Pour 2 feuilletés
½ pâte feuilletée – 8 escargots (surgelés ou en boîte) – 50 g de beurre mou – 1 gousse d'ail – 1 bouquet de persil – 1 échalote – 1 jaune d'œuf – sel, poivre.

1. Épluchez et hachez finement l'échalote. Rincez et ciselez le persil. Pressez l'ail. Mélangez-les avec le beurre. Réservez au frais.
2. Préchauffez le four à 180 °C (th. 6).
3. Coupez la demi-pâte feuilletée en deux. Disposez au centre de chaque quart de cercle 4 escargots et une grosse c. à s. de beurre parfumé. Salez, poivrez. Refermez les feuilletés et dorez au jaune d'œuf.
4. Enfournez pendant 15 minutes.

Le petit plus de la paresseuse
Pas très motivée par le beurre aillé et l'haleine caractérisée qui l'accompagne ? Oubliez l'ail, faites revenir seulement des échalotes avec une noix de beurre dans une casserole, ajoutez de la crème, laissez épaissir et incorporez le persil ciselé.

Poêlée de dinde aux marrons

La bonne grosse dinde qui cuit 8 heures au four et étouffe tout chrétien désireux de fêter l'avènement du divin enfant dès la première bouchée n'est pas une fatalité. Prenez les mêmes ingrédients et faites autrement !

Pour 2 portions

2 escalopes de dinde – 1 douzaine de marrons cuits (sous vide, en boîte ou surgelés) – 1 poignée de champignons de Paris – 1 carotte – 1 oignon – 1 échalote – 1 gousse d'ail – 2 c. à s. de cognac – sel, poivre.

1. Pelez et coupez la carotte en rondelles et faites-les cuire dans l'eau bouillante pendant 10 minutes.

2. Essuyez et coupez les escalopes en dés.

3. Épluchez et émincez finement l'échalote et l'oignon. Épluchez, dégermez et émincez la gousse d'ail. Rincez et émincez les champignons. Brisez grossièrement les marrons.

4. Faites revenir tous les légumes dans une poêle chaude légèrement huilée. Ajoutez les légumes et faites sauter 5 minutes. Rectifiez l'assaisonnement et déglacez avec le cognac.

Le petit plus de la paresseuse

Pas de cognac sous la main ? Mais sans doute du vin blanc, du cidre ou du whisky. Déglacez avec n'importe quel alcool, sauf celui de l'armoire à pharmacie, bien entendu !

Fudge

Un *english* fondant chocolaté extra-facile à préparer qui remplace la bûche, pour changer.

Pour une dizaine de mini-cubes
10 cl de lait concentré sucré – 6 carrés de chocolat pâtissier – 3 c. à s. de noix décortiquées.

1. Hachez le chocolat. Brisez grossièrement les cerneaux de noix.
2. Faites chauffer le lait concentré au bain-marie avec le chocolat. Fouettez pendant 10 minutes. Incorporez les noix.
3. Versez dans un plat carré couvert de papier sulfurisé. Laissez prendre au réfrigérateur pendant 3 heures avant de démouler et de couper en cubes.

Le petit plus de la paresseuse
Expérimentez le fudge aux noix de pécan ou de macadamia, aux pistaches non salées ou aux noisettes…

L'anniv' box

C'est votre anniversaire ? Félicitations, vous ne les faites pas ! Aujourd'hui, c'est votre jour : quand on vous a demandé ce qui vous ferait plaisir, vous avez répondu : « lunch-boxer ». Et pourquoi pas ? Voici un menu emballé comme un cadeau.

Entrée : mini-papillotes de crevettes
Plat : aumônières de petits légumes
Dessert : muffins en robe de sucre

Mini-papillotes de crevettes

Une vraie surprise à déballer que ces vrais-faux bonbons gourmands au cœur charnu.

Pour 6 papillotes

6 crevettes décortiquées – 3 rondelles de citron vert – 2 c. à s. de lait de coco – 1 pointe de couteau de piment – 1 pointe de couteau de gingembre en poudre – sel, poivre.

1. Préchauffez le four à 180 °C (th. 6).

2. Découpez 6 rectangles de papier sulfurisé de 20 × 15 cm. Déposez au centre une demi-rondelle de citron vert, une crevette, un peu de piment et de gingembre et arrosez de lait de coco. Rectifiez l'assaisonnement et refermez les papillotes. Agrafez sur les bords et enfournez 12 minutes.

Le petit plus de la paresseuse

La même recette avec des noix de Saint-Jacques fait merveille.

Aumônières de petits légumes

Un vrai panier-surprise que ce petit ballotin léger, léger.

Pour 2 aumônières

2 feuilles de brick – 1 carotte – 1 grosse poignée de haricots verts – 1 oignon – 1 poignée de champignons de Paris – 1 c. à s. de crème liquide – sel, poivre.

1. Préchauffez le four à 220 °C (th. 7-8).

2. Pelez et coupez la carotte en petits dés. Effilez les haricots verts et faites-les blanchir 5 minutes dans l'eau bouillante salée. Rincez et émincez les champignons. Épluchez et émincez finement l'oignon.

3. Faites sauter tous les légumes dans une poêle chaude légèrement huilée. Ajoutez la crème et laissez épaissir à feu doux. Rectifiez l'assaisonnement.

4. Répartissez la préparation au centre de chaque feuille de brick. Repliez les bords vers le centre et piquez avec un cure-dent pour fermer.

5. Enfournez pendant 7 minutes.

Le petit plus de la paresseuse

Ajoutez à la garniture de vos aumônières des petits lardons préalablement dégraissés à la poêle. Dans ce cas, attention à ne pas trop saler la préparation.

Muffins en robe de sucre

Un vrai joli petit gâteau à l'américaine, pomponné à souhait dans une couverture de pâte à sucre.

Pour une douzaine de muffins (c'est votre anniversaire, vous pouvez bien partager avec les autres !)

1 pot de yaourt – 2 pots de sucre – 3 pots de farine – ½ pot de beurre fondu – 3 œufs – ½ sachet de levure chimique – 100 g de chocolat – 2 c. à s. de crème liquide – 50 g de guimauve (bonbons chamallows à défaut) – 2 c. à s. d'eau – 450 g de sucre glace.

1. Préchauffez le four à 180 °C (th. 6).

2. Mélangez le yaourt, le sucre, la farine et la levure. Ajoutez les œufs et le beurre fondu. Battez jusqu'à obtention d'une pâte lisse.

3. Remplissez vos moules à muffins aux deux tiers et enfournez pendant 20 minutes. Laissez refroidir les muffins avant de les démouler sur une grille.

4. Préparez un glaçage en faisant fondre le chocolat avec la crème au bain-marie. Nappez les muffins.

5. Mouillez le sucre glace avec l'eau. Faites fondre la guimauve au bain-marie. Ajoutez progressivement le sucre glace et pétrissez jusqu'à l'obtention d'une boule lisse. Saupoudrez le plan de travail de sucre glace et abaissez la pâte à sucre sur 5 mm d'épaisseur. Découpez à l'emporte-pièce des cercles de 5 cm de diamètre. Faites-les glisser sur vos muffins et lissez sur le haut et les bords.

Le petit plus de la paresseuse

Si l'opération pâte de sucre vous paraît laborieuse, enrobez tout simplement vos muffins de bonne vieille pâte d'amandes.

La box champagne !

Faites pétiller votre box avec ces recettes pleines de bulles.

Entrée : brochettes de langoustines marinées au champagne
Plat : dos de saumon sauce champagne
Dessert : faux macarons de Reims à la ganache rose

Brochettes de langoustines marinées au champagne

Parfaites pour lunch-boxer un jour de fête, ces petites brochettes feront aussi des amuse-bouches chic express pour un apéritif entre gens de bon goût.

Pour 6 brochettes
6 grosses langoustines vivantes – 1 citron vert – 1 coupe de champagne – poivre du moulin.

1. Préchauffez le four en mode gril.
2. Jetez les langoustines vivantes dans l'eau bouillante très salée. Après reprise de l'ébullition, comptez 1 minute 30. Coupez le feu, égouttez et laissez refroidir avant de décortiquer.
3. Récupérez le corail et la chair brune contenue dans les têtes. Écrasez avec le jus du citron vert et ajoutez le champagne et un tour de poivre. Faites-y mariner les langoustines 2 heures minimum.
4. Plantez les langoustines au bout de piques à brochettes et faites griller pendant 3 minutes.

Le petit plus de la paresseuse
Pas de langoustines au marché ? La même recette fonctionne bien sûr avec des gambas !

Dos de saumon sauce champagne

Il a bon dos le saumon, quand il s'agit de barboter dans le champagne !

Pour 2 portions

2 pavés de saumon – 1 coupe de champagne – 10 cl de crème liquide – 1 c. à c. de fumet de poisson en poudre – 50 g de beurre – 1 c. à c. de baies roses – sel, poivre.

1. Mettez les baies roses dans le fond de la cocotte vapeur avec 2 litres d'eau. Dès qu'elle bout, placez les pavés de saumon dans le panier vapeur et faites cuire 5 à 8 minutes.
2. Diluez le fumet de poisson dans un peu d'eau tiède. Ajoutez le champagne et faites réduire dans une petite casserole à feu doux. Versez la crème et poursuivez la cuisson 5 minutes. Rectifiez l'assaisonnement. Incorporez le beurre en morceaux en fouettant vivement.
3. Versez la sauce sur les pavés de saumon.

Le petit plus de la paresseuse
La même sauce réussit très bien aux blancs de volaille…

Faux macarons de Reims à la ganache rose

Non, vous ne passerez pas un week-end entier à confectionner des macarons dignes d'un challengeur de Top Chef. Au lieu de ça, vous vous ferez des petits sandwichs sucrés tout aussi sexy et nettement plus simples à préparer grâce à quelques biscuits roses de Reims, un peu de chocolat blanc et une poignée de framboises.

Pour 4 faux macarons

8 biscuits roses de Reims – 200 g de chocolat blanc – 10 cl de crème liquide – une poignée de framboises (fraîches ou surgelées).

1. Faites compoter les framboises pendant 10 minutes dans une petite casserole avec 1 c. à s. d'eau. Filtrez.
2. Râpez le chocolat blanc. Faites bouillir la crème. Versez-la sur le chocolat blanc. Incorporez la purée de framboises filtrée. Réservez plusieurs heures au frais.
3. Tartinez l'intérieur de 4 biscuits de Reims avec la ganache au chocolat blanc framboisé. Refermez avec les 4 biscuits restants.

Le petit plus de la paresseuse
La flemme de préparer une ganache ? Contentez-vous de fourrer vos « biscwichs » de confiture de fruits !

La box du Jour de l'an

Enfin sortie du tunnel de calories des fêtes ? Agrémentez vos restes du réveillon dans une box à la fois chic et détox.

Entrée : salade du lendemain
Plat : turkey curry sandwichs
Dessert : truffes de restes de bûche

Salade du lendemain

Il reste une tranchette de foie gras ? De l'effilochée de volaille ? De la farce, des petites pommes de terre sautées ? Des champignons sautés ? Faites-en une belle salade avec du mesclun et une vinaigrette goûteuse mais extra-*light* pour l'assaisonner.

Pour 1 vinaigrette light *du lendemain*

1 carotte – 1 c. à s. de vinaigre de cidre – 1 c. à s. d'huile d'olive – 2 c. à s. d'eau – sel, poivre.

1. Pelez la carotte et passez-la à la centrifugeuse pour en extraire le jus.

2. Mélangez le jus de carotte avec le vinaigre. Émulsionnez avec l'huile et allongez avec l'eau. Rectifiez l'assaisonnement.

Le petit plus de la paresseuse

N'hésitez pas à ajouter des herbes fraîches ou surgelées à cette vinaigrette extra-fraîche : menthe, coriandre, aneth…

Turkey curry sandwichs

La dinde faisait 9 kg au bas mot ? Si, avec ça, il ne vous reste pas de quoi vous faire au moins un petit casse-croûte post-fête…

Pour 2 sandwichs

1 baguette fraîche – 200 g de dinde cuite – 2 feuilles de laitue – 1 pot de yaourt – 1 à c. de moutarde douce (type Savora) – 1 c. à s. de curry en poudre – sel, poivre.

1. Mélangez le yaourt avec la moutarde et le curry. Rectifiez l'assaisonnement. Coupez la dinde en petits dés et laissez mariner dans cette sauce.

2. Lavez et ciselez la laitue. Coupez la baguette en deux, puis fendez chaque morceau dans la longueur. Garnissez avec la salade et la dinde marinée.

Le petit plus de la paresseuse

Faites varier les pains pour renouveler ce sandwich à l'infini : pain de mie façon club, pain suédois, *vollkornrbrot* (le pain noir allemand), en ajoutant une cuillerée de miel à la sauce au curry…

Truffes de restes de bûche

Ne laissez pas deux tranches orphelines de bûche périmer au réfrigérateur ! Faites-en des bouchées délicieuses à partager avec les collègues pour fêter la nouvelle année en beauté.

Pour une vingtaine de truffes
2 tranches de bûche pâtissière légèrement rassies – 100 g de chocolat noir – 10 cl de crème liquide – 70 g de beurre – cacao en poudre non sucré.

1. Écrasez les tranches de bûche à la fourchette.
2. Faites fondre le chocolat au bain-marie. Incorporez le beurre en morceaux, puis les brisures de bûche.
3. Laissez prendre au froid pendant 6 heures. Formez des boules de la taille d'une noix et roulez-les dans le cacao amer.

Le petit plus de la paresseuse

La même recette fonctionne avec tous les biscuits plus ou moins croquants ou moelleux qui vous tombent sous la main : Petit Beurre, spéculoos, madeleines…

La box des mers

Envie d'une virée océanique et d'un déj de bord de plage ? Tournez le regard vers l'horizon et la fourchette vers les profondeurs.

Entrée : tarama maison
Plat : muffins au crabe
Dessert : étoiles au caramel

Tarama maison

Tartinez pour l'entrée ou faites-en la base de vos sandwichs (pour remplacer le beurre ou la mayo), mais réalisez votre tarama vous-même, garanti sans colorants ni conservateurs !

Pour 1 pot de tarama
100 g d'œufs de cabillaud fumés – 2 tranches de pain de mie – 50 g de fromage blanc onctueux – 10 cl de lait – 2 citrons – 1 c. à s. d'huile d'olive – sel, poivre.

1. Faites tremper le pain de mie débarrassé de sa croûte dans le lait.
2. Mixez les œufs de cabillaud avec le pain de mie, le fromage blanc, le jus de citron et l'huile d'olive. Rectifiez l'assaisonnement.

Le petit plus de la paresseuse
Envie d'un tarama rose comme dans le commerce ? Ajoutez une goutte de colorant alimentaire rouge ou un peu de jus de betterave.

Muffins au crabe

Se taper du dormeur au déjeuner sans faire la sieste tout l'après-midi ? C'est possible avec ces petits gâteaux salés tout légers pour lesquels vous allez en pincer !

Pour 6 muffins
1 boîte de chair de crabe de 170 g – 120 g de farine – 1 c. à s. d'huile – 2 œufs – 50 g de gruyère râpé – 1 citron – ½ sachet de levure chimique – sel, poivre.

1. Préchauffez le four à 180 °C (th. 6).
2. Égouttez le crabe. Zestez le citron et pressez le jus. Versez sur la chair de crabe.
3. Mélangez la farine et la levure chimique. Incorporez les œufs et l'huile, puis le gruyère et le crabe citronné. Salez, poivrez.
4. Répartissez dans vos moules à muffins et enfournez 30 minutes.

Le petit plus de la paresseuse
N'hésitez pas à ajouter des épices (curry) ou des herbes ciselées (ciboulette) dans la préparation.

Étoiles au caramel

Terminez votre lunch box océanique par des petits biscuits en forme d'étoiles de mer tout droit venues de Breizhanie.

Pour une quinzaine d'étoiles
120 g de farine – 90 g de beurre mou – 1 pincée de fleur de sel – 60 g de cassonade – 50 g de sucre en morceaux.

1. Préchauffez le four à 180 °C (th. 6).

2. Travaillez à la main le beurre et la cassonade. Ajoutez d'un coup la farine et la fleur de sel. Pétrissez jusqu'à obtention d'une pâte sablée.

3. Faites fondre le sucre en morceaux juste mouillé d'un peu d'eau dans une petite casserole. Coupez le feu dès que le caramel blondit. Incorporez rapidement à la pâte sablée (il est normal que le caramel durcisse au contact de la pâte, c'est ce qui donnera de délicieux éclats croustillants aux étoiles).

4. Abaissez la pâte sur 1 cm d'épaisseur sur une feuille de papier sulfurisé. Taillez des étoiles à l'aide d'un emporte-pièce et enfournez 10 minutes. Patientez 30 minutes avant de consommer !

Le petit plus de la paresseuse

Pour des étoiles express, zappez la confection du caramel et ajoutez seulement un sachet de pépites de nougatine.

La box pascale

Et pourquoi pas un pique-nique pour Pâques ? Cherchez les œufs, mais aussi les boulettes d'agneau !

Entrée : œufs planqués
Plat : boulettes d'agneau
Dessert : nids croustillants

Œufs planqués

Timide ou facétieux ? L'œuf mollet joue à cache-cache sous sa croûte de parmesan !

Pour 2 œufs planqués
3 œufs – 50 g de chapelure – 30 g de parmesan – huile de friture.

1. Faites cuire 2 œufs dans l'eau bouillante pendant 6 minutes. Passez sous l'eau froide pour stopper la cuisson et écalez-les délicatement. Réservez au congélateur pendant 3 heures.
2. Battez le 3e œuf en omelette.
3. Mélangez la chapelure et le parmesan.
4. Trempez les œufs mollets dans l'omelette puis dans la chapelure, et faites frire dans l'huile pendant 2 minutes.

Le petit plus de la paresseuse
Envie de saveurs un peu relevées ? Ajoutez une pincée de piment d'Espelette à la chapelure.

Boulettes d'agneau

Pour profiter de la saison de l'agneau sans en passer par l'incontournable gigot en famille.

Pour 2 portions
200 g d'agneau haché – 1 oignon – ½ c. à c. de cumin – 1 petite boîte de concentré de tomates – 1 œuf – 3 c. à s. de chapelure – 1 bouquet de coriandre – huile d'olive – sel, poivre.

1. Préchauffez le four à 210 °C (th. 7).

2. Épluchez et émincez finement l'oignon. Faites-le revenir dans une poêle chaude légèrement huilée. Lavez et ciselez la coriandre.

3. Mélangez l'agneau haché, le concentré de tomates, l'œuf, la chapelure, le cumin, la coriandre et les oignons. Huilez vos mains pour former des boulettes. Déposez-les sur une plaque couverte de papier sulfurisé.

4. Enfournez 25 minutes.

Le petit plus de la paresseuse

Préparez une petite sauce à la menthe pour accompagner ces boulettes pascales : une grosse botte de menthe lavée et ciselée avec deux morceaux de sucre dans une petite casserole, un trait de vinaigre et zou, au mixeur !

Nids croustillants

Le nid, c'est ZE gâteau de Pâques. En voici une version express à croquer.

Pour 2 nids

150 g de chocolat au lait au riz soufflé – 70 g de beurre – 4 c. à s. d'œufs au sucre.

1. Faites fondre le chocolat au bain-marie. Incorporez le beurre en morceaux.

2. Répartissez dans des moules à baba. Faites prendre 3 heures au réfrigérateur.

3. Démoulez et garnissez le cœur de petits œufs multicolores.

Le petit plus de la paresseuse
Envie que ça croustille ? Écrasez des crêpes dentelles dans la ganache !

La truffe box

Vous vous êtes offert une truffe fraîche et le primeur vous a bien précisé qu'il fallait rapidement la consommer. Hé ! Vous n'allez pas vous faire prier pour la lunch-boxer !

Entrée : ravioles de truffe
Plat : salade de pâtes à l'huile de truffe
Dessert : truffes choco-coco

Ravioles de truffe

Une entrée trois étoiles, à micro-onder une petite minute avant de déguster, histoire de faire saliver tout l'étage.

Pour 2 ravioles

125 g de farine – 1 œuf – 1 jaune d'œuf – 1 pincée de sel – 10 g de truffe – 100 g de ricotta – 10 cl de crème – poivre du moulin.

1. Battez la ricotta et la crème avec un tour de poivre. Émincez finement la truffe et incorporez-la délicatement. Filmez et réservez au frais.

2. Mélangez la farine et l'œuf avec le sel jusqu'à obtention d'une pâte élastique. Laissez reposer 1 heure avant d'abaisser finement la pâte sur une feuille de papier sulfurisé. Découpez deux rectangles de pâte de 7 × 15 cm. Déposez une grosse cuillerée de farce au centre d'un côté du rectangle. Repliez l'autre côté pour former une raviole. Dorez à l'œuf en insistant sur les jointures des ravioles.

3. Posez les ravioles sur le papier sulfurisé dans un panier vapeur et faites cuire 10 minutes à couvert au-dessus d'un fond d'eau bouillante.

Le petit plus de la paresseuse

Pour une sauce express avec ces ravioles, un trait de crème fleurette avec un peu de fond de veau dilué et le tour est joué.

Salade de pâtes à l'huile de truffe

La truffe est fine, mais pas bégueule : elle aime les saveurs simples des œufs et des pâtes, notamment.

Pour 2 portions

150 g de farfalles – 50 g de tomates confites – 2 c. à s. de copeaux de parmesan – sel, poivre du moulin.

1. Faites cuire les farfalles *al dente* dans l'eau bouillante salée (environ 8 minutes). Laissez refroidir.

2. Ajoutez les tomates confites et les copeaux de parmesan. Donnez un tour de poivre et arrosez avec l'huile de truffe.

Le petit plus de la paresseuse

Faire soi-même son huile de truffe est une excellente solution pour conserver une truffe fraîche pendant quelques semaines : utilisez une huile neutre (de pépins de raisin par exemple) et, pour que ça ait du goût, n'en mettez pas plus que le volume de la truffe elle-même.

Truffes choco-coco

Une gourmandise au chocolat blanc pour se consoler d'avoir fini sa vraie truffe.

Pour une douzaine de truffes
200 g de chocolat blanc – 10 cl de lait de coco – 10 cl de crème fraîche – 1 gousse de vanille – 150 g de noix de coco râpée.

1. Faites chauffer la crème et le lait de coco avec la gousse de vanille fendue dans la longueur. Râpez le chocolat blanc et incorporez-le hors du feu. Ôtez la gousse de vanille et ajoutez la moitié de la noix de coco râpée. Réservez au frais 3 heures.
2. Formez des boules de ganache de chocolat blanc-coco et roulez-les dans le reste de noix de coco râpée.

Le petit plus de la paresseuse

Gourmande comme une invitée aux soirées de l'ambassadeur ? Placez une noisette entière décortiquée au cœur de chaque truffe.

La vanity fair box

Envie d'une box à la fois mode et intello, glamour et photogénique, à la façon de la foire aux vanités des trottoirs de Hollywood ? Suivez le menu.

Entrée : pomelo & avocado
Plat : Californian bio salad
Dessert : fruits déguisés

Pomelo & avocado

Deux bons fruits de la côte ouest, dans un hors-d'œuvre méli-mélo.

Pour 2 portions
1 pamplemousse rose – 1 avocat mûr – 2 c. à s. de crevettes cocktail – 1 citron vert – 1 c. à s. de gin – 2 c. à s. de sauce tartare – sel, poivre.

1. Pelez le pamplemousse à vif, grattez la membrane blanche et épluchez les quartiers.
2. Coupez l'avocat en deux, ôtez le noyau et coupez la chair en petits dés. Ajoutez au pamplemousse avec les crevettes. Arrosez de jus de citron de vert et de gin, salez, poivrez. Incorporez la sauce tartare.

Le petit plus de la paresseuse
Pas de crevettes cocktail sous la main ? Remplacez par du thon au naturel, du surimi ou des miettes de crabe.

Californian bio salad

Une salade hippie chic, toute fraîche, toute bio et parfaite pour garder une ligne de starlette.

Pour 2 portions

100 g de quinoa – ½ concombre – 1 petit bouquet de brocoli – 5 cosses de petits pois extra-frais – 1 c. à s. de cranberries séchées – 1 c. à s. d'amandes effilées – 1 c. à s. de vinaigre balsamique – sel, poivre.

1. Démarrez la cuisson du quinoa dans le double de son volume d'eau froide. Portez à ébullition puis baissez le feu. Le quinoa est prêt quand tous les petits germes verts ont éclos. Laissez refroidir.

2. Rincez et coupez les têtes du bouquet de brocoli. Faites cuire à la vapeur pendant 5 minutes.

3. Pelez, coupez et épépinez le concombre. Détaillez en petits dés. Laissez dégorger sur du papier absorbant.

4. Écossez les petits pois.

5. Mélangez le quinoa, les petits pois crus, le brocoli, les dés de concombre, les cranberries et les amandes. Salez, poivrez et versez un trait de vinaigre balsamique.

Le petit plus de la paresseuse

Le goût noiseté des petits pois crus est inimitable. Hors saison, gardez cet esprit en remplaçant les petits pois par des pois chiches en boîte soigneusement égouttés.

Fruits déguisés

La Californie, c'est le pays des fruits secs. Offrez-leur un vrai costume de scène !

Pour une douzaine de fruits déguisés
4 gros pruneaux d'Agen – 4 belles dattes – 4 grosses figues séchées – 50 g de pâte d'amandes verte – 50 g de pâte d'amandes rose – 50 g de pâte d'amandes blanche – sucre glace.

1. Fendez les fruits en deux. Ôtez au besoin le noyau.
2. Travaillez la pâte d'amandes à la main pour l'assouplir. Formez des petites boules plus ou moins allongées selon la forme des fruits. Roulez dans le sucre glace. Fourrez les fruits fendus.

Le petit plus de la paresseuse
Tentez la pâte d'amandes maison : mixez 200 g d'amandes mondées avec 1 blanc d'œuf et 150 g de sucre glace. Ajoutez les colorants de votre choix. C'est incomparable.

La box des rois

Tirez les rois, oui, mais, surtout, mangez comme eux, derrière votre ordi entre midi et deux.

Entrée : salade bagatelle
Plat : poêlée versaillaise
Dessert : mini-galettes poire-chocolat

Salade bagatelle

Au parc de Bagatelle, petite folie royale aux portes de Paris, on déjeune comme à la campagne d'une petite salade d'asperges croquantes… Ce qui relève aussi un peu de la folie, disent nos papilles !

Pour 2 portions
1 douzaine d'asperges vertes – 1 carotte – 1 grosse poignée de champignons de Paris – 1 citron – 1 jaune d'œuf – 1 c. à s. de moutarde – 1 c. à c. de vinaigre – 25 cl d'huile – 1 échalote – 10 cl de crème fleurette – sel, poivre.

1. Placez la crème, le bol et les fouets du batteur au congélateur.
2. Rincez et brossez les asperges. Bardez-les avec un morceau de ficelle alimentaire et faites-les cuire à la vapeur pendant environ 15 minutes (selon leur épaisseur). Laissez refroidir sur une feuille de papier absorbant.
3. Rincez, séchez et émincez les champignons de Paris. Lavez, épluchez et râpez grossièrement la carotte.
4. Épluchez et émincez finement l'échalote. Émulsionnez le jaune d'œuf et la moutarde avec un peu d'huile. Puis ajoutez le reste de l'huile progressivement sans cesser de fouetter pour monter en mayonnaise. Incorporez le vinaigre et l'échalote. Rectifiez l'assaisonnement.
5. Fouettez la crème. Dès qu'elle a monté, incorporez-la délicatement à la mayonnaise aux échalotes pour fabriquer une mayonnaise mousseline.
6. Mélangez tous les légumes avec la mayonnaise mousseline.

Le petit plus de la paresseuse

Ajoutez quelques rondelles d'oignon rouge finement émincé aux légumes, pour rehausser la saveur de cette succulente salade de reine.

Poêlée versaillaise

C'est un fait historique connu de tous les gourmands : Louis XIV raffolait des légumes. Invitez-vous à la table du Roi-Soleil avec cette poêlée à déguster froide ou à micro-onder 1 minute (comment ça, le micro-ondes n'existait pas à la cour de Versailles ?).

Pour 2 portions

¼ de chou vert – 1 poignée de champignons de Paris – 1 oignon – 1 navet – 1 panais – 100 g de petits pois – 150 g de lardons – ½ verre de vin rouge – 10 cl de crème – poivre du moulin.

1. Épluchez et émincez l'oignon. Faites revenir avec les lardons dans une poêle chaude sans matière grasse. Réservez sur une feuille de papier absorbant.

2. Parez le chou, coupez-le en lamelles et faites-le sauter dans la même poêle. Ajoutez les petits pois. Réservez avec l'oignon et les lardons.

3. Épluchez et coupez en dés le navet et le panais. Faites sauter dans la même poêle jusqu'à ce que la chair s'attendrisse.

4. Ajoutez les ingrédients précédemment réservés. Mouillez avec le vin. Après évaporation, versez la crème, poivrez et poursuivez la cuisson à feu doux 5 minutes.

Le petit plus de la paresseuse

À Versailles, on aimait aussi les carottes et les artichauts, si ça vous tente d'en ajouter à votre poêlée sans quitter le thème.

Mini-galettes poire-chocolat

Invitez vos copines à tirer les rois… et à goûter vos petites galettes maison dont elles ne reviendront pas.

Pour 3 mini-galettes

2 rouleaux de pâte feuilletée – 2 œufs – 1 poire – 50 g de chocolat pâtissier – 80 g de beurre mou – 20 g de sucre – 120 g de poudre d'amandes – 1 c. à s. de lait – 3 fèves – 1 jaune d'œuf.

1. Préchauffez le four à 200 °C (th. 6-7).

2. Déroulez les pâtes feuilletées. À l'aide d'un emporte-pièce, taillez 3 cercles de taille identique dans chacune.

3. Pelez la poire et coupez-la en fins quartiers. Cassez des *chunks* (grosses pépites) de chocolat à l'aide d'un grand couteau.

4. Travaillez le beurre, les œufs, le sucre et la poudre d'amandes. Délayez avec le lait.

5. Répartissez les quartiers de poire sur 3 cercles de pâte. Ajoutez les *chunks* de chocolat, les fèves puis la crème aux amandes. Recouvrez avec les cercles restants de pâte feuilletée. Dorez au jaune d'œuf en insistant sur les jointures des mini-galettes.

6. Enfournez pendant 25 minutes.

Le petit plus de la paresseuse

Et la couronne, alors ? Sortez carton, feutres et ciseaux et mettez les mômes au boulot !

5 façons de se traiter comme une invitée de marque avec une chic box

1. Soyez intraitable sur la qualité des produits.

Pour réussir une lunch box 3 étoiles, ne lésinez pas sur la qualité des produits. Pas besoin de se ruiner pour accéder au meilleur de ce qui est frais, bien cultivé et bien préparé. Soignez vos relations avec les commerçants du quartier, ils vous feront des fleurs quand ils recevront des produits d'exception : poissons de la dernière marée, viande tendre à souhait, fromages à point et autres fruizélégumes toujours plus goûteux et plus charnus.

2. Jouez-la fine à l'épicerie fine.

À l'épicerie fine, tout n'est pas hors de prix. Misez sur ce qui est original et se conserve longtemps : les épices et les condiments au premier chef. Avoir du tartare d'algues sous la main, de la tapenade haut de gamme dans les placards, une vraie bonne huile vierge, des vinaigres raffinés, ça change la face d'un sandwich ou d'une salade composée.

3. Maîtrisez les cuissons.

Même les produits les plus courants peuvent devenir des mets de choix quand ils sont préparés avec talent. Devenez notamment une pro des cuissons des poissons et des viandes : vous les redécouvrirez tendres, juteux, fondants. Vous n'en reviendrez pas de ce que l'on peut faire avec un poulet, pourvu d'oser la cuisson lente, avec du veau, pourvu de la démarrer à froid, avec du poisson, pourvu de minuter le séjour au chaud.

4. Passez pro en basiques.

La bonne cuisine n'a pas besoin d'être archisophistiquée. L'essentiel est qu'elle soit irréprochable sur les grands classiques. Ne renoncez pas à la mayonnaise tant que vous n'avez pas le parfait coup de main pour la réussir. Entraînez-vous à la béchamel, soyez imbattable sur la pâte brisée, passez maîtresse dans l'art d'incorporer des blancs d'œufs…

5. Pensez aux trucs qui marchent à tous les coups.

N'oubliez pas que quelques petits ingrédients secrets reclassent d'emblée un plat du côté de la haute cuisine : le fond de veau et le fumet de poisson (accessibles en capsules et en poudres à diluer) en font partie. La crème fleurette apporte systématiquement un goût frais et une texture délicate. Le poivre du moulin et les baies roses pilonnées sont toujours raffinées. Les noix, noisettes, amandes et autres fruits à coque font dans la subtilité…

6

Comment se ménager une pause récré avec une box régressive

10 menus pour manger mieux qu'à la cantoche

Vous avez oublié de recharger votre carte de cantine ? Pas grave, abandonnez-la dans le dernier tiroir de votre caisson, vous n'en avez plus vraiment besoin puisque vous lunch-boxez désormais. Peur d'être en manque de jambon-purée ? De regretter les frites au ketchup ? D'envier la pizza des cops ? Ce n'est pas parce qu'elle est raisonnablement diététique et responsablement écologique que la lunch box ne sait pas jouer dans la cour des petits. Faites-vous des petits plaisirs régressifs avec 10 menus « t'ar-ta-gueule-à-la-récré ».

La baby box (sans rien mâcher)

Whaalaaa ! La rage de dents qui empêche de croquer dans quoi que ce soit de plus ferme qu'une tranche de pain de mie… Ménagez vos mâchoires, ou retombez en enfance avec un menu rien qu'à la cuillère.

Entrée : mousse de carottes
Plat : hachis comme chez mamie
Dessert : banane à la confiote

Mousse de carottes

Ça ne vous rappelle rien ? Mais si, allons, la toute toute toute première saveur autre que le lait que vous avez goûtée dans votre vie. Ce n'est pas une raison pour appeler votre supérieure « Môman » dans un grand élan régressif.

Pour 2 ramequins

400 g de carottes – 40 cl de crème fleurette – 1 feuille de gélatine – 1 gousse d'ail – 1 c. à c. de coriandre ciselée (fraîche ou surgelée) – sel, poivre.

1. Placez la crème, le bol et les fouets du batteur au réfrigérateur.

2. Épluchez et coupez les carottes en rondelles. Faites-les cuire dans l'eau bouillante salée pendant 25 minutes avec la gousse d'ail pelée. Égouttez et réduisez en purée.

3. Faites ramollir la gélatine dans un peu d'eau froide. Égouttez-la et incorporez-la à la purée avec la coriandre ciselée. Rectifiez l'assaisonnement.

4. Montez la crème en chantilly avec une pincée de sel. Incorporez-la délicatement à la purée de carottes. Répartissez dans les ramequins et réservez au frais pendant au moins 4 heures.

Le petit plus de la paresseuse

Pour donner de la saveur aux préparations tout carotte, il y a bien sûr la coriandre, mais aussi le cumin, la réglisse… Aromatisez votre mousse selon vos envies et vos fantaisies.

Hachis comme chez mamie

Ma grand-mère ne l'a jamais vu seulement comme une manière d'agrémenter les restes. Autrement dit, son hachis, c'était de la balle (comme disent les jeunes. Euh… ils disent toujours ça, les jeunes ?).

Pour 2 cassolettes

200 g de viande hachée – 600 g de pommes de terre – 1 carotte – 1 tomate – 20 cl de crème liquide – 50 g de beurre – 1 branche de thym – 1 oignon – 1 gousse d'ail – 60 g de gruyère râpé – noix muscade – sel, poivre.

1. Épluchez et coupez la carotte en petits dés. Faites cuire dans l'eau bouillante pendant 10 minutes. Ébouillantez la tomate pour la peler avant de la concasser. Épluchez l'oignon, épluchez et dégermez l'ail, puis émincez-les finement et mélangez tous ces ingrédients à la viande hachée. Salez, poivrez. Faites sauter à la poêle pendant 10 minutes. Réservez.

2. Préchauffez le four à 240 °C (th. 8).

3. Épluchez les pommes de terre, coupez-les en gros dés et faites-les cuire dans l'eau bouillante salée 20 minutes. Égouttez et écrasez à la fourchette ou au presse-purée avec la crème et le beurre. Râpez un peu de noix muscade.

4. Tapissez le fond des cassolettes de purée. Ajoutez une couche de viande, puis une couche de purée. Parsemez de gruyère. Enfournez 10 minutes.

Le petit plus de la paresseuse

Osez le hachis avec d'autres purées : patate douce, potimarron, panais, céleri…

Banane à la confiote

Oh ! Le joli souvenir des goûters d'enfance… Ou un extrait de la fameuse recette du Gloubi-Boulga de Casimir (dont on ne garde que le meilleur).

Pour 1 banane à la confiote

1 banane – ½ citron – 3 c. à c. de gelée de groseille.

Écrasez la banane avec le jus du citron et la gelée de groseille. Et faites juste « areuh » en y plongeant votre cuillère.

Le petit plus de la paresseuse
Libre à vous d'ajouter quelques anchois et une saucisse de Toulouse crue, mais tiède... !

La sweet box (tout sucre)

Demandez à vos enfants ce qu'ils voudraient manger (à part des frites). Des gâteaux, des bonbons, du sucre, du sucre et encore du sucre. Faites comme eux (sans leur dire), cédez à la tentation du *total sweet*.

Entrée : avocat comme un fruit
Plat : cigares de feta au miel
Dessert : tartelettes au sucre

Avocat comme un fruit

Dans certaines contrées (en Afrique ou dans les îles tropicales par exemple), l'avocat n'est pas considéré comme une entrée, mais bien comme un fruit qui se consomme sucré, parfois même trèèès sucré.

Pour 2 portions
1 avocat – 1 mangue – 1 citron vert – 2 c. à s. de cassonade (ou, mieux encore, de sucre non raffiné).

1. Coupez l'avocat en deux, ôtez le noyau et retirez la peau. Détaillez en petits dés. Faites-en autant avec la mangue.

2. Saupoudrez de cassonade et arrosez de jus de citron vert.

Le petit plus de la paresseuse

Convaincue par cette recette d'avocat en salade fruitée ? Essayez d'autres façons de le consommer sucré : juste ouvert et dénoyauté avec du lait concentré dans sa cavité, en mousse avec du lait d'amande, en sorbet…

Cigares de feta au miel

On dirait des petits cigares de l'Aïd aux amandes, dégoulinants de miel à la fleur d'oranger… C'est presque ça, mais avec de la feta pour une redoutable association sucrée-salée.

Pour 4 cigares

2 feuilles de brick – 90 g de feta – 1 c. à s. de miel – ½ c. à c. de romarin – 1 c. à s. d'huile d'olive – sel, poivre.

1. Préchauffez le four à 200 °C (th. 6-7).

2. Écrasez la feta avec le miel, le romarin et l'huile d'olive. Salez, poivrez.

3. Posez les feuilles de brick à plat. Formez un boudin de pâte de feta au miel au centre. Repliez les bords et roulez en cigares.

4. Enfournez 10 minutes.

Le petit plus de la paresseuse

Encore plus de saveur sucrée ? Ajoutez des fruits secs à la farce : des morceaux de dattes, de figues ou de pruneaux…

Tartelettes au sucre

Ch'a ch'est ch'ti et ch'est churtout chuper bon ! Il y a d'ailleurs *battle* avec le kouign-amann des Bretons !

Pour 4 tartelettes

200 g de farine – 15 g de levure de boulangerie – 2 c. à s. de sucre – 2 œufs – ½ c. à c. de sel – 6 c. à s. de cassonade – 50 g de beurre.

1. Délayez la levure dans un peu de lait tiède. Mélangez avec la farine, le sel, le sucre et les œufs. Pétrissez. Laissez reposer dans un endroit tiède pendant 4 heures.

2. Préchauffez le four à 180 °C (th. 6).

3. Abaissez la pâte et tapissez le fond de grands moules à tartelettes couverts de papier sulfurisé. Répartissez le beurre coupé en dés. Saupoudrez avec la cassonade.

4. Enfournez 20 minutes.

Le petit plus de la paresseuse

La clé de la réussite de cette recette, c'est la patience. Si vous parvenez à attendre, laissez monter la pâte 1 heure dans les fonds de tartelettes avant de garnir de beurre et de sucre. Si vous n'y résistez pas, c'est bon quand même !

La box résiliente (qui réconcilie avec tout ce qu'on détestait à la cantoche)

Le jour où vous avez eu le bac, vous vous êtes juré de ne plus jamais approcher une salade de betteraves gommeuses, un céleri rémoulade luisant, de la mayonnaise à la macédoine en boîte, des choux-fleurs à la sauce flotte, de la langue de bœuf à vous passer le goût de rouler des pelles, du flan à la fesse de grand-mère… Chiche, on vous réconcilie avec la moitié d'entre ces plats avec une box post-cantino-traumatique ?

Entrée : mousse de betterave
Plat : crumble de chou-fleur au bacon
Dessert : flans à la vraie vanille

Mousse de betterave

Moi non plus, je ne peux pas les encadrer en cubes… Mais en verrines sexy avec de la ricotta, là, je veux bien envisager de manger des betteraves.

Pour 2 portions
1 petite betterave cuite – 50 g de ricotta – 1 gousse d'ail – 1 c. à s. d'huile d'olive – sel, poivre.

1. Coupez la betterave en gros dés. Laissez dégorger.
2. Passez la betterave débarrassée de son jus au mixeur avec l'ail épluché et dégermé, la ricotta et l'huile d'olive. Ajustez la consistance avec un peu de jus de betterave si nécessaire.

Le petit plus de la paresseuse
À tartiner ou à déguster à la petite cuillère, cette mousse sera encore plus agréable avec quelques brisures de noisettes.

Crumble de chou-fleur au bacon

Le chou-fleur à la flotte sans sel, c'est à peu près aussi excitant qu'une sexualité de panda dépressif. Quand c'est avec du bacon, de la crème et une petite croûte croustillante, on est plutôt chez les bonobos !

Pour 2 portions
400 g de fleurs de chou-fleur – 4 tranches de bacon – 20 cl de crème liquide – 50 g de gruyère râpé – 50 g d'amandes en poudre – 50 g de farine – 30 g de beurre – sel, poivre.

1. Préchauffez le four à 210 °C (th. 7).
2. Faites cuire les fleurs de chou-fleur 10 minutes à la vapeur.
3. Faites griller le bacon dans une poêle chaude non graissée.
4. Garnissez deux cassolettes de chou-fleur, ajoutez deux tranches de bacon et répartissez la crème.
5. Mélangez le beurre coupé en dés, la farine, le fromage et la poudre d'amandes. Frottez entre vos mains pour obtenir une pâte sablée. Couvrez le chou et le bacon.
6. Enfournez 15 minutes.

Le petit plus de la paresseuse

La flemme de préparer une pâte à crumble (une grosse grosse flemme, alors !) : brisez simplement des petits pains suédois et des dés de beurre sans même prendre la peine de les mélanger.

Flans à la vraie vanille

Bye, bye, les écuelles Arcoroc et leur flan gélatineux couleur beurre rance qui ferait passer la *jelly* britannique pour un dessert gastronomique. Vive les vrais petits flans crémeux au vrai goût de vanille.

Pour 4 flans
2 œufs – 2 jaunes d'œufs – 120 g de sucre – 1 gousse de vanille – 20 cl de lait – 20 cl de crème.

1. Préchauffez le four à 180 °C (th. 6).
2. Faites chauffer la crème et le lait avec la gousse de vanille fendue dans la longueur.
3. Mélangez les œufs et jaunes d'œufs avec le sucre. Versez le lait et la crème sans cesser de remuer. Ôtez la gousse de vanille et répartissez dans 4 ramequins.
4. Enfournez 20 minutes.

Le petit plus de la paresseuse
Les mêmes au chocolat ? Ajoutez 50 à 70 g de chocolat noir râpé dans le lait chaud.

La junk box

Envie de luncher comme un ado en chaussettes affalé sur le canapé devant une sitcom à rires enregistrés ? Le menu suivant ne fournit ni les chaussettes, ni le canapé, ni les rires forcés. Mais juste quelques recettes parce qu'on n'est pas obligé d'être toujours diététiquement correct.

Entrée : nuggets de mozza
Plat : chaussons-pizz'
Dessert : Coca cacao cake

Nuggets de mozza

Comme au McQuick, mais en mieux !

Pour 8 nuggets
200 g de mozzarella à fondre – 2 œufs – 1 verre d'eau – 1 verre de chapelure – 1 gousse d'ail – farine – huile de friture – sel, poivre.

1. Battez les œufs avec l'eau.
2. Épluchez et pressez la gousse d'ail. Mélangez avec la chapelure.
3. Préparez une assiette de farine.
4. Taillez la mozzarella en bâtonnets. Trempez dans l'omelette, puis dans la farine, puis dans la chapelure.
5. Faites frire 1 minute. Égouttez et laissez dégraisser sur du papier absorbant.

Le petit plus de la paresseuse
À tremper dans le ketchup, bien sûr !

Chaussons-pizz'

Une mini-calzone pour se taper une pizza sans en faire tout un plat.

Pour 4 chaussons

300 g de farine à pain – 1 sachet de levure de boulangerie – 1 c. à s. d'huile d'olive – 1 c. à c. de sel – 1 jaune d'œuf – 1 petite boîte de concentré de tomates – 1 c. à c. de sucre – 2 tranches de jambon blanc – 4 tranches de mozzarella – 4 champignons de Paris – sel, poivre.

1. Délayez la levure dans 2 c. à s. d'eau tiède. Mélangez avec la farine et l'huile d'olive. Pétrissez jusqu'à obtention d'une pâte élastique. Laissez reposer 3 heures à température ambiante.
2. Préchauffez le four à 200 °C (th. 6-7).
3. Délayez le concentré de tomates avec 1 c. à s. d'eau et le sucre. Rincez et émincez les champignons. Détaillez la mozzarella et le jambon en petits dés.
4. Abaissez la pâte à pizza et formez 4 cercles à l'aide d'un emporte-pièce. Huilez au pinceau. Tartinez toute la surface de concentré de tomates. Garnissez chaque demi-cercle de champignons, jambon et mozzarella. Repliez le second demi-cercle pour former un chausson. Dorez au jaune d'œuf en insistant sur les jointures du chausson.
5. Enfournez 15 minutes.

Le petit plus de la paresseuse

Pas le temps de pétrir la pâte ? Un rouleau de pâte à pizza du commerce ou de pâte feuilletée peut utilement dépanner.

Coca cacao cake

Il fallait oser ! Verser du Coca dans une pâte de gâteau au chocolat, comme si ce n'était pas déjà assez sucré… Bon, goûtez la petite croûte crousti-caramélisée et on en reparle après.

Pour 1 gâteau à partager
100 g de sucre semoule – 150 g de sucre glace – 25 cl de Coca-Cola (le vrai, pas le Zéro, pas le Light) – 2 œufs – 25 g de cacao non sucré – 10 cl de lait – 200 g de beurre – ½ sachet de levure chimique.

1. Préchauffez le four à 180 °C (th. 6).
2. Mélangez la farine, le sucre glace, le cacao et la levure.
3. Battez les œufs avec le sucre semoule jusqu'à ce que le mélange blanchisse.
4. Faites fondre le beurre et ajoutez le Coca-Cola. Laissez caraméliser à feu doux pendant 5 minutes. Ajoutez le lait.
5. Incorporez les œufs sucrés, puis le mélange lait-beurre-Coca au premier mélange sec. Versez dans un moule beurré.
6. Enfournez 40 minutes.

Le petit plus de la paresseuse
Si vous craignez vraiment la crise d'hypoglycémie et que vous tenez à tout prix à manger un gâteau hyper-calorique, glacez ce gâteau avec du chocolat fondu dans la crème liquide. Et puis, tant que vous y êtes, décorez donc avec des bonbecs !

La comic box

Alors, ça les fait rire, les collègues, de vous voir lunch-boxer ? Rira bien qui rira le dernier ! Voici un menu tout sourire pour potacher et popoter.

Entrée : tortues fromagères
Plat : bonshommes Patate
Dessert : brownie aux Carambar

Tortues fromagères

Des petites boulettes de fromage à la carapace sucrée-salée à grignoter en entrée.

Pour 2 tortues

6 Kiri® – 1 biscotte – 2 spéculoos – une poignée de raisins de Corinthe – 30 g de beurre – sel, poivre.

1. Écrasez les Kiri®. Salez, poivrez et incorporez les raisins secs.
2. Écrasez la biscotte et les spéculoos.
3. Roulez des boulettes de fromage aux raisins dans la chapelure de biscotte-spéculoos.
4. Faites dorer à feu doux dans la poêle beurrée pendant 3 minutes.

Le petit plus de la paresseuse

Ça marche aussi avec du fromage ail et fines herbes ou du Carré Frais, que vous épicerez avec un peu de curry ou de piment d'Espelette.

Bonshommes Patates

Ben oui, vous retombez en enfance, c'est comme ça. Il vous en faut peu pour avoir l'esprit joueur : inventez des histoires de potins à la photocopieuse à vos bonshommes patates avant de les croquer sans vergogne.

Pour 2 bonshommes

2 grosses pommes de terre à chair ferme – 4 tomates cerises – 1 morceau de carotte – ½ concombre – un paquet de cure-dents.

1. Démarrez la cuisson de vos pommes de terre à l'eau froide pour éviter que la peau éclate. Laissez cuire jusqu'à ce que la chair soit fondante, mais toujours ferme. Égouttez et laissez refroidir.

2. Lavez et épluchez le morceau de carotte. Coupez en rondelles. Épluchez et épépinez le concombre. Détaillez des bâtonnets de la taille d'un cure-dent.

3. Piquez 2 cure-dents pour faire les jambes de votre bonhomme. Plantez une tomate cerise à chaque bout (oui, Monsieur Patate a les pieds qui gonflent). Piquez 2 cure-dents pour faire les bras. Plantez une rondelle de carotte à chaque bout (oui, il a des moufles). Enfilez les bâtonnets de concombre sur des cure-dents et plantez-les sur le haut de Monsieur Patate pour faire les cheveux (ben oui, il est punk).

Le petit plus de la paresseuse

L'idée de la recette, idéale pour un pique-nique en famille, c'est de consommer des crudités. Démantibulez sans hésiter vos bonshommes Patates et trempez leurs membres dans une sauce au fromage blanc, à la moutarde et aux herbes fraîches.

Brownie aux Carambar

Ça déconne sec en cuisine ! Entre deux étapes de la recette, lisez une bonne blague des familles.

Pour 6 parts

125 g de farine – 2 œufs – 150 g de chocolat au lait pâtissier – 50 g de sucre – 75 g de beurre – ½ sachet de levure chimique – 10 Carambar au caramel (les tradi).

1. Préchauffez le four à 180 °C (th. 6).
2. Faites fondre le chocolat et le beurre au bain-marie.
3. Mélangez la farine, le sucre et la levure avec les œufs, le chocolat et le beurre fondu.
4. Détaillez les Carambar en dés et incorporez-les à la préparation.
5. Versez dans un moule carré beurré et fariné.
6. Enfournez 20 minutes.

Le petit plus de la paresseuse

Faites la même recette avec des Caranougat… Votre brownie aura le goût du Toblerone !

La dolly box

Une petite dînette de poupée pour lunch-boxer en toute mignonneté !

Entrée : tomates cerises farcies
Plat : mini-croissants jambon-fromage
Dessert : tout petits fondants choco-amandes

Tomates cerises farcies

Bonjour m'dame la marchande, je voudrais 3 toutes petites tomates farcies aux anchois…

Pour 6 tomates farcies

6 grosses tomates cerises – 4 filets d'anchois marinés – 2 Carré Frais – 1 c. à c. d'huile d'olive – poivre du moulin.

1. Découpez le chapeau des tomates. Évidez-les délicatement avec une cuillère à thé.

2. Mixez finement les Carré Frais, les anchois et l'huile d'olive. Donnez un tour de poivre.

3. Garnissez les cavités des tomates et coiffez-les de leur chapeau.

Le petit plus de la paresseuse

Pas de gâchis ! Conservez la pulpe des tomates cerises épépinées pour aromatiser une mayonnaise ou une vinaigrette.

Mini-croissants jambon-fromage

Tout petits, tout charmants, les mini-croissants se grignotent à l'apéro ou en dînette express.

Pour 8 mini-croissants

1 rouleau de pâte feuilletée – 2 tranches de jambon blanc – 50 g de comté râpé – ½ c. à c. de graines de cumin – 1 jaune d'œuf.

1. Préchauffez le four à 200 °C (th. 6-7).

2. Étalez la pâte feuilletée. Couvrez-la avec le jambon. Répartissez le fromage râpé. Coupez en huitièmes et roulez en croissant.

3. Dorez à l'œuf et enfournez 10 minutes.

Le petit plus de la paresseuse

Faites varier la recette des mini-croissants : chèvre-romarin, jambon cru-tapenade, saumon fumé-fromage frais et, pourquoi pas, chair à saucisse et ananas ?

Tout petits fondants choco-amandes

Ce sont les rois du café gourmand : entre bouchées chocolatées et vrai-faux financiers, ils glissent tout seuls dans le gosier.

Pour une douzaine de mini-fondants
100 g de chocolat pâtissier – 100 g de beurre – 90 g de sucre – 2 œufs – 70 g d'amandes en poudre – 1 c. à c. de farine.

1. Préchauffez le four à 180 °C (th. 6).
2. Faites fondre le chocolat et le beurre au bain-marie.
3. Fouettez le sucre et les œufs jusqu'à l'obtention d'un mélange mousseux. Incorporez le mélange chocolat-beurre, la poudre d'amandes et la farine.
4. Répartissez dans des moules à petits-fours et enfournez 20 minutes.

Le petit plus de la paresseuse
Vous n'avez pas l'impression qu'il manque quelque chose pour accéder au nirvana de la gourmandise ? Mais si, 1 c. à s. de fine de poire, ça va de soi ! Ajoutez-la en dernier à la pâte avec un peu plus de farine que dans la recette initiale.

La nounours box

Comme une Boucle d'or ayant apporté son casse-croûte chez la famille Ours…

Entrée : salade de poissons fumés
Plat : sandwichs au pain d'épices
Dessert : cupcakes aux ours

Salade de poissons fumés

Genre, ce matin, avant de venir au bureau, vous avez pêché deux ou trois harengs et quelques anchois dans le fleuve, du bout des griffes…

Pour 2 portions
1 tranche de saumon fumé – 1 filet de maquereau fumé – 1 avocat – 1 oignon – 2 c. à s. de crème fraîche – 1 c. à c. d'huile d'olive – 1 c. à c. d'œufs de lump – poivre du moulin.

1. Détaillez les poissons fumés en fines lamelles. Ouvrez et dénoyautez l'avocat, épluchez-le et coupez-le en quartiers. Épluchez et émincez finement l'oignon. Disposez les ingrédients en salade.
2. Mélangez la crème, l'huile d'olive et les œufs de lump avec un tour de poivre pour confectionner une sauce.

Le petit plus de la paresseuse

Tous les poissons fumés sont bons : truite et saumon sont les plus courants, mais demandez à votre boucanier du hareng, de l'anguille, du flétan, du haddock…

Sandwichs au pain d'épices

Prosper Youplaboum, c'est aussi le roi du déj sur le pouce !

Pour 2 sandwichs
4 tranches fines de pain d'épices – ⅓ de camembert – 4 figues séchées – 2 c. à s. de gelée de fruit – 25 g de beurre – poivre du moulin.

1. Beurrez 2 tranches de pain d'épices. Tartinez les deux autres de gelée de fruit.
2. Coupez le camembert en tranches. Émincez les figues séchées.
3. Montez les sandwichs : pain d'épices beurré, puis camembert, puis figue, puis poivre, puis pain d'épices tartiné de gelée.

Le petit plus de la paresseuse
Variez les fromages et les fruits secs, ajoutez des graines germées, remplacez la gelée de fruit par du caviar d'aubergine… Bref, faites ce que vous voulez, pourvu qu'un ours ait envie d'en manger !

Cupcakes aux ours

L'ours s'est servi dans votre écuelle sans demander la permission ? Pour la peine, mangez-le au cœur de guimauve d'un petit cupcake qui colle aux dents.

Pour 4 cupackes
120 g de farine – 50 g de beurre – 50 g de sucre – 80 cl de lait – 1 œuf – 6 oursons en guimauve – 50 g de chocolat au lait pâtissier – ½ sachet de levure chimique.

1. Préchauffez le four à 180 °C (th. 6).

2. Mélangez la farine, le sucre et la levure. Battez l'œuf et le lait. Mélangez les deux préparations.

3. Coupez 2 oursons en petits dés. Étêtez les 4 oursons restants, réservez le haut du corps et détaillez le bas en petits dés. Incorporez les dés d'oursons à la pâte.

4. Placez des caissettes à cupackes dans un moule à muffins et remplissez-les de pâte aux deux tiers. Enfournez 15 minutes.

5. Faites fondre le chocolat au bain-marie. Glacez vos cupcakes avec et plantez immédiatement les têtes d'oursons dessus.

Le petit plus de la paresseuse

Le glaçage a pris avant que vous ayez eu le temps de planter les têtes d'oursons ? Passez le tronc de guimauve à la flamme d'un briquet et collez !

La mercredi box

Chic, c'est le jour des enfants ! Pour l'occasion, mangez comme eux !

Entrée : salade jambon-coquillettes
Plat : croque-dogs
Dessert : barquettes aux fraises

Salade jambon-coquillettes

L'indémodable, l'incontournable, le 365 jours par an de tous les enfants de 2 à… 120 ans ! Dans sa version salade froide.

Pour 2 portions

200 g de coquillettes – 2 tranches de jambon blanc – 2 œufs – 1 tomate – 1 c. à s. de vinaigre balsamique – 2 c. à s. d'huile d'olive – 2 c. à s. de cream cheese *(ou Saint-Môret) – sel, poivre.*

1. Faites cuire les œufs 8 minutes dans l'eau bouillante. Stoppez la cuisson sous l'eau froide et écalez-les délicatement (ils sont mollets).

2. Faites cuire les coquillettes dans l'eau salée pendant 8 minutes. Égouttez et laissez refroidir.

3. Concassez la tomate. Déchirez le jambon en petits morceaux effilochés. Mélangez avec les coquillettes et ajoutez les œufs coupés en tranches.

4. Préparez une sauce en battant le *cream cheese* avec l'huile et le vinaigre. Salez, poivrez et versez !

Le petit plus de la paresseuse

La même au saumon fumé ? Oubliez le vinaigre dans la sauce, remplacez par le jus d'un demi-citron et de la ciboulette ciselée.

Croque-dogs

Quand madame Saucisse s'invite chez monsieur Croque…

Pour 2 croque-dogs

4 tranches de pain de mie – 2 saucisses de Strasbourg – 2 c. à s. de crème fraîche – 1 c. à s. de moutarde douce (type Savora) – 1 c. à s. de ketchup – 1 oignon – 50 g de fromage râpé – beurre – sel, poivre.

1. Poêlez les tranches de pain de mie beurrées sur les deux faces.

2. Faites cuire les saucisses 2 minutes dans l'eau bouillante.

3. Épluchez et émincez l'oignon et faites-le revenir dans une poêle légèrement huilée.

4. Mélangez la crème fraîche et le ketchup avec le fromage râpé. Tartinez 2 tranches de pain de mie. Ajoutez les oignons, puis les saucisses coupées en deux dans le sens de la longueur puis dans la largeur. Tartinez les 2 tranches de pain de mie restantes de moutarde douce et fermez les croque-dogs.

Le petit plus de la paresseuse

Plutôt burger-dog que croque-dog ? Utilisez des buns plutôt que du pain de mie !

Barquettes aux fraises

Maman, les petits bateaux ne sortent pas tous d'un paquet de biscuits industriels…

Pour une dizaine de barquettes

60 g de beurre mou – 60 g de sucre – 120 g de farine – 1 œuf – ½ pot de confiture de fraises – 1 feuille de gélatine.

1. Travaillez le beurre et le sucre jusqu'à obtention d'une pommade. Incorporez l'œuf puis la farine. Amalgamez à la main, formez une boule et réservez au frais pendant 1 heure.

2. Préchauffez le four à 220 °C (th. 7-8).

3. Abaissez la pâte, formez des ovales à l'aide d'un emporte-pièce et tapissez les alvéoles d'un moule à barquettes (ou, à défaut, d'un moule à petits-fours).

4. Enfournez 5 minutes. Laissez refroidir et démoulez sur une grille.

5. Faites ramollir la gélatine dans un peu d'eau froide. Faites chauffer la confiture et la gélatine à feu doux en remuant pendant 5 minutes. Garnissez les cavités des barquettes. Lissez avec le dos d'une cuillère.

Le petit plus de la paresseuse

Les mêmes à l'orange et au chocolat ? Lâchez quelques pépites au fond de vos barquettes cuites. Réchauffez votre marmelade sans gélatine et versez dans les cavités.

La tartine box

La box « oups, j'ai oublié ma fourchette ! »

Entrée : rillettes de sardine
Plat : tartines flambées
Dessert : pâte à tartiner maison

Rillettes de sardine

À étaler sur des petits canapés ou sur un grooosse tranche de pain de campagne, selon les appétits et l'état d'esprit.

Pour 2 portions
100 g de sardines à l'huile – 100 g de cream cheese *(ou Saint-Môret) – 1 c. à s. de câpres au vinaigre – 1 échalote – 1 citron – 1 œuf dur – sel, poivre.*

1. Ouvrez les sardines dans le sens de la longueur et retirez l'arête. Mixez avec le *cream cheese*, les câpres, l'œuf dur et le jus du citron.

2. Épluchez et émincez finement l'échalote. Incorporez aux rillettes. Rectifiez l'assaisonnement et tartinez allégrement.

Le petit plus de la paresseuse

Ajoutez toutes les herbes ciselées que vous voulez : du persil et/ou de l'aneth, du basilic et/ou de la menthe, de la coriandre, de l'origan…

Tartines flambées

Façon *flammeküeche* pour une lunch bokche alchachienne.

Pour 2 tartines flambées

2 grandes tranches épaisses de pain de campagne frais – 50 g de fromage blanc – une poignée de lardons – 1 oignon – sel, poivre.

1. Préchauffez le four en mode gril.

2. Faites sauter les lardons dans une poêle chaude sans matière grasse. Réservez sur du papier absorbant.

3. Dans la même poêle, faites revenir l'oignon, épluché et finement émincé, pendant 2 minutes.

4. Tartinez les tranches de pain de fromage blanc, salez, poivrez. Ajoutez les lardons puis les oignons.

5. Passez 5 minutes au gril.

Pâte à tartiner maison

Il n'en faut pas tant que ça, de l'énergie, pour fabriquer son N*** soi-même à la maison. Et c'est tellement bon.

Pour 1 pot de pâte à tartiner
100 g de chocolat au lait pâtissier – 125 g de noisettes en poudre – 50 g de beurre – 30 cl de crème entière – 250 g de lait concentré sucré – ½ c. à thé de sel.

1. Faites fondre le chocolat et le beurre au bain-marie. Ajoutez le lait concentré et la crème liquide et poursuivez la cuisson 30 minutes sans cesser de remuer.
2. Incorporez le sel et la poudre de noisettes.

Le petit plus de la paresseuse
Envie d'une pâte à tartiner *crunchy* ? Ajoutez des noisettes concassées.

La Kellogg's box

Ils mangeraient des céréales matin, midi, goûter et soir… Et, sur le principe, ils n'ont pas tort : les glucides, ça fait fonctionner le cerveau. Reste à les équilibrer avec quelques protéines et vitamines.

Entrée : gâteau de poivrons aux flocons
Plat : nuggets flakes
Dessert : roses des sables

Gâteau de poivrons aux flocons

Un crumble vitaminé et ultraléger en entrée…

Pour 2 cassolettes

1 poivron rouge – 1 poivron jaune – 1 tomate – 1 oignon – 50 g de flocons d'avoine – 2 c. à s. de farine – 2 c. à s. de parmesan – 25 g de beurre – sel, poivre.

1. Préchauffez votre four en mode gril. Faites griller les poivrons entiers jusqu'à ce que la peau se décolle de la chair. Laissez refroidir et baissez la température du four à 180 °C (th. 6).
2. Épluchez et émincez l'oignon. Faites revenir dans une poêle légèrement graissée.
3. Coupez la tomate en quartiers.
4. Pelez les poivrons, épépinez-les et coupez-les en lamelles.
5. Répartissez les légumes au fond des cassolettes.
6. Mélangez la farine, les flocons d'avoine et le parmesan, et versez sur les légumes. Parsemez de beurre en petits dés.
7. Enfournez 30 minutes.

Le petit plus de la paresseuse

À tester avec tous les légumes : aubergines (préparées comme les poivrons au gril), courgettes (à faire dégorger après une précuisson), carottes (à râper en julienne pour qu'elles cuisent mieux), dés de potiron…

Nuggets flakes

Le poisson pané comme vos mômes ne l'auraient jamais imaginé.

Pour 6 nuggets
2 filets de cabillaud – 1 œuf – 1 bol de corn-flakes – sel, poivre.

1. Écrasez grossièrement les corn-flakes.
2. Battez l'œuf avec du sel et du poivre.
3. Coupez les filets de cabillaud en morceaux réguliers. Trempez dans l'œuf, puis dans les corn-flakes et faites dorer à la poêle 4 minutes de chaque côté.

Le petit plus de la paresseuse

Pour préparer vos chapelures (de biscotte, de pain sec ou de corn-flakes), choisissez la bonne méthode : le mixeur produit une poudre fine ; pour une chapelure plus épaisse, glissez les ingrédients dans un sac de congélation et tapez sur une planche à découper (ou confiez le sac bien fermé à un enfant de 3 ans qui se chargera gaiement du massacre).

Roses des sables

Quand ça crispicroquicroustille tout en fondant, ça fait des dégâts ! Et pourtant, à cuisiner, c'est un vrai jeu d'enfant.

Pour une dizaine de roses des sables
100 g de chocolat pâtissier – 50 g de beurre – 80 g de sucre glace – 200 g de corn-flakes.

1. Faites fondre le chocolat et le beurre au bain-marie. Incorporez le sucre glace tamisé.
2. Hors du feu, ajoutez les corn-flakes et mélangez délicatement.

3. Tapissez une plaque à biscuits de papier sulfurisé, déposez-y de grosses cuillères de préparation. Laissez prendre 2 à 3 heures au réfrigérateur.

Le petit plus de la paresseuse

Tamiser (le sucre glace, la farine), c'est la plaie : c'est interminable et ça salit le plan de travail sur une surface d'au minimum 1 m^2. Oubliez les passoires et tamis, vous avez passé l'âge du bac à sable : fouettez vivement votre sucre glace (ou votre farine) avec une cuillerée de Maïzena (ou, mieux encore, confiez ce boulot à votre robot).

5 arguments déculpabilisants pour régresser sans complexer avec une lunch box de grand bébé

1. Ne boudez pas le sucré.

On a adoré les saveurs sucrées enfant et puis, avec le temps, on s'est convaincue, souvent avec l'aide de la balance, que, finalement, bof, bof, on préférait les crudités sans assaisonnement et le poisson à la vapeur. Revenez au sucré, ce n'est pas pécher ! D'abord, le corps en a aussi besoin pour fonctionner et le moral ne peut pas vraiment s'en passer. Le chocolat, la confiture, les fruits, les pâtisseries, ça met du baume au cœur.

2. Ne soyez pas junkophobe.

Chips, pizzas, tacos, kebabs, burgers sont interdits de séjour dans votre diète ? Regardez-nous dans les yeux et dites que vous n'en avez jamais envie ! Ne vous privez pas. Simplement, revisitez la junk-food avec des ingrédients de qualité et de bonnes idées : les chips viennent de légumes plutôt que de pommes de terre, la pizza joue les quatre saisons plutôt que la diva de la mozza, le kebab est plus carottes râpées que frites, le burger est au steak de soja… Ne soyez pas non plus anti-ketchup par principe. Une petite cuillerée parfume et colore une sauce en un clin d'œil, épice un plat sans en faire des tonnes, décore joyeusement une entrée…

3. Faites des mini-portions.

Les petits ont horreur des assiettes pleines à ras bord : ça les décourage de finir avant même d'avoir commencé. Pour stimuler leur appétit, il vaut mieux préparer des petites portions savoureuses qui ont un léger goût de reviens-y. Plaisir de manger et idées variées garanties.

4. Pensez aux produits laitiers.

Les enfants adorent le lait, les yaourts, les fromages frais… Ils en ont besoin. Mais vous aussi. Pour avoir votre content de calcium, emportez systématiquement un petit morceau de comté, un pot de fromage blanc ou un petit-suisse dans votre lunch box. Pour vous, ce sera fromage ET dessert, et tous les midis, pardi !

5. Jetez-vous sur les produits cultes.

Si c'est culturel de manger comme un gosse, ce n'est pas tout à fait pareil que si c'est juste régressif. Vache qui rit® et Kiri®, c'est tout un univers et les souvenirs qu'ils convoquent. La Blédine en bouillie, c'est du transgénérationnel, c'est pas (que) de la compensation affective ; le Yop, c'est le revival de nos émotions d'ado ; le berlingot de lait sucré, c'est l'éternel esprit du goûter…

7

Comment faire le tour de France en une heure avec une lunch box de nos régions

10 menus tradi (mais pas tant que ça) pour revisiter les bons petits plats bien d'chez nous

Vous avez rapporté de votre week-end chez mamie ou de votre périple à la mer, à la montagne ou à la campagne, de délicieux produits régionaux. Certes, il n'est pas commode de faire entrer un bon gros jambon basque dans sa lunch box ni de se cuisiner une fondue savoyarde dans le micro-ondes de la salle de réunion… Mais avec de bonnes denrées locales et un peu d'imagination, on peut déjeuner à la mode des Ch'tis, des Auvergnats ou des Bretons même en haut de sa tour business, tout au long de l'année.

La box savoyarde

Ils sont bons les frometons de mon pays natal… Mais la Savoie, ce n'est pas que la raclette et le reblochon. Alors mettez les goûts des vacances au ski dans votre box de midi.

Entrée : crousti-rebloch'
Plat : salade de crozets
Dessert : muffins myrtille

Crousti-rebloch'

Pour changer du chèvre chaud. À manger avec une petite salade verte au vinaigre de noix ou tout simplement du bout des doigts.

Pour 4 croustillants

4 feuilles de brick – ½ reblochon – 1 jaune d'œuf – poivre du moulin.

1. Préchauffez le four à 180 °C (th. 6).

2. Coupez le demi-reblochon en quatre, puis chaque quartier de reblochon en deux dans le sens de l'épaisseur. Répartissez sur les feuilles de brick pliées en deux. Poivrez. Rabattez les côtés et pliez pour fermer. Dorez au jaune d'œuf.

3. Enfournez 20 minutes.

Le petit plus de la paresseuse

Pour transformer vos crousti-rebloch' en crousti-tartif', ajoutez des dés de pommes de terre précuites.

Salade de crozets

Quand des petites pâtes de sarrasin typiques s'échappent de leur gratin roboratif pour se cuisiner en salade des sommets…

Pour 2 portions

100 g de crozets – 1 cube de bouillon – 100 g de lardons – 60 g de beaufort – 1 oignon rouge – 1 tomate – 1 c. à s. de vinaigre de framboise – 1 c. à s. d'huile d'olive – sel, poivre.

1. Diluez le cube de bouillon dans un grand volume d'eau bouillante. Versez les crozets et faites-les cuire pendant 25 minutes. Égouttez et laissez refroidir.

2. Faites revenir les lardons dans une poêle chaude sans matière grasse. Réservez sur du papier absorbant. Ébouillantez la tomate pour la peler. Concassez-la. Épluchez et émincez finement l'oignon. Détaillez le beaufort en petits dés.
3. Mélangez tous les ingrédients et versez le vinaigre et l'huile. Rectifiez l'assaisonnement.

Le petit plus de la paresseuse
Remplacez les lardons par de la viande des Grisons ou du jambon d'Aoste.

Muffins myrtille

Une virée dans les alpages et vous êtes rentrée avec un seau plein de belles myrtilles (et la langue toute bleue) ? Faites tout de suite une jolie tarte comme en Savoie, et congelez le reste des fruits : vous pourrez confectionner toute l'année de succulents petits muffins au bon goût des randos à la montagne.

Pour 8 muffins
100 g de myrtilles surgelées – 100 g de sucre – 100 g de farine – 80 g de beurre – 10 cl de lait – 1 œuf – ½ sachet de levure chimique.

1. Préchauffez le four à 180 °C (th. 6).
2. Mélangez le sucre, la farine et la levure d'un côté. Battez l'œuf et le lait. Incorporez au mélange sec. Ajoutez les myrtilles encore surgelées.
3. Versez dans les alvéoles beurrées de votre moule à muffins. Enfournez 15 minutes.

Le petit plus de la paresseuse

Comment préparer vos myrtilles fraîches à la congélation ? Voici la méthode de ma mamie de Chambéry. Mouillez un grand torchon, versez les myrtilles et faites roulez délicatement vos mains sur les fruits. Versez dans des petits sacs de congélation : toutes les petites feuilles sont restées collées au torchon humide.

La breizh box

Quand la Savoyarde d'origine s'installe au pays du beurre salé, ça donne une cuisine presque pas calorique (hum, hum), mais authentiquement gourmande.

Entrée : feuilletés de Saint-Jacques
Plat : far à l'andouille toi-même
Dessert : palets au beurre

Feuilletés de Saint-Jacques

Ne vous laissez pas vendre des pétoncles pour des Saint-Jacques ni prendre des vessies pour des lanternes. Mieux vaut manger moins souvent de bonnes vraies Saint-Jacques charnues de Bretagne que des petites crottes à mastiquer venues d'on ne sait où…

Pour 2 feuilletés

2 noix de Saint-Jacques (fraîches ou surgelées) – 1 pâte feuilletée – 1 petit poireau – 1 échalote – beurre – 10 cl de vin blanc – 10 cl de crème – 1 jaune d'œuf – sel, poivre.

1. Préchauffez le four à 200 °C (th. 6-7).

2. Lavez et émincez finement le poireau. Épluchez et émincez l'échalote.

3. Rincez soigneusement les Saint-Jacques et séchez-les. Faites-les cuire 1 minute de chaque côté dans une poêle chaude beurrée. Réservez sur du papier absorbant.

4. Dans la même poêle, faites fondre les échalotes et le poireau. Déglacez au vin blanc et ajoutez la crème. Salez, poivrez et laissez épaissir à feu doux. Ajoutez les Saint-Jacques et poursuivez la cuisson 2 minutes.

5. Coupez la pâte feuilletée en deux demi-cercles. Déposez une Saint-Jacques sur un côté de chaque demi-cercle. Ajoutez la garniture. Repliez et dorez au jaune d'œuf en insistant sur les jointures du feuilleté.

6. Enfournez 15 minutes.

Le petit plus de la paresseuse

Pour une saveur plus corsée, vous pouvez remplacer le vin blanc par du cognac ou du whisky.

Far à l'andouille toi-même

Revisitez le far aux pruneaux en version plat principal avec de la bonne andouille de Baye ou de Guéméné.

Pour 2 cassolettes

3 tranches d'andouille – 2 œufs – 30 cl de lait – 80 g de fromage râpé – poivre.

1. Préchauffez le four à 200 °C (th. 6-7).

2. Détaillez les tranches d'andouille en petits dés.

3. Battez les œufs avec le lait. Incorporez la farine. Ajoutez le fromage râpé et les dés d'andouille.

4. Répartissez dans les cassolettes et enfournez 30 minutes.

Le petit plus de la paresseuse

Pour encore plus de saveurs venues de Breizhanie, ajoutez un oignon confit au cidre : faites revenir un gros oignon de Roscoff émincé dans le beurre. Ajoutez une cuillerée de sucre et déglacez avec 10 cl de cidre. Dès que le liquide s'est évaporé, laissez refroidir et incorporez à la recette en même temps que le fromage et l'andouille.

Palets au beurre

Aussi bons qu'à Pont-Aven… mais c'est vous qui les avez faits !

Pour une dizaine de palets

90 g de farine – 50 g de sucre – 50 g de beurre salé mou – 1 jaune d'œuf – ½ sachet de levure chimique.

1. Travaillez au fouet le beurre, le sucre et le jaune d'œuf. Incorporez la farine et la levure. Pétrissez la pâte et formez un boudin. Enveloppez de film alimentaire et laissez reposer 2 heures au réfrigérateur.

2. Préchauffez le four à 180 °C (th. 6).

3. Tronçonnez votre boudin de pâte en pavés de 1 cm d'épaisseur. Disposez les pavés sur une plaque à biscuits couverte de papier sulfurisé.

4. Enfournez 15 minutes.

Le petit plus de la paresseuse

Aromatisez vos palets : au café (avec une cuillerée de café soluble – pas la peine d'en mettre un max – dans la pâte), au citron (avec des zestes), au pavot…

La titi box

Une box antijacobine mais proparisienne quand même, ou comment regarder la capitale comme une région à part entière, avec ses saveurs et spécialités bien à elle… Dont le jambon-beurre, évidemment !

Entrée : salade de champignons
Plat : sandwichs à la mousse de jambon-beurre
Dessert : fontainebleau

Salade de champignons

On les adorait à Versailles, sous le règne du Roi-Soleil, et on les cuisine depuis sans se lasser à la capitale… Si bien qu'on les a même fait pousser dans les carrières abandonnées du 14e arrondissement de Paris au XIXe siècle. Maintenant, vous savez pourquoi on les appelle les « champignons de Paris ». On ne pourra plus vous raconter de salades à ce sujet. En revanche, des salades de champipi, vous pouvez en cuisiner à volonté !

Pour 2 portions

300 g de champignons de Paris – 1 oignon – 1 échalote – 1 bouquet de persil – 5 cl de vin blanc – 1 c. à s. de moutarde forte – 1 c. à s. de vinaigre – 2 c. à s. d'huile d'olive – sel, poivre.

1. Rincez et émincez les champignons. Épluchez et émincez finement l'échalote et l'oignon. Ciselez le persil. Mélangez.

2. Préparez une vinaigrette avec la moutarde, le vin blanc, le vinaigre et l'huile d'olive. Salez, poivrez et versez sur la salade.

Le petit plus de la paresseuse

Pas d'alcool à midi ? Remplacez le vin et le vinaigre par le jus d'un citron.

Sandwichs à la mousse de jambon-beurre

Le classique des bistrots sans se péter une dent en croquant dedans.

Pour 2 sandwichs

4 tranches de pain de mie – 2 tranches de jambon – 5 Carré Frais – 25 g de beurre mou – 2 feuilles de laitue – 1 tomate.

1. Mixez le jambon avec le beurre et les Carré Frais. Rectifiez l'assaisonnement.

2. Rincez et coupez la tomate en rondelles. Rincez et ciselez la laitue.

3. Tartinez généreusement les 4 tranches de pain de mie de mousse au jambon. Déposez sur deux d'entre elles la laitue et les rondelles de tomate. Refermez les sandwichs avec les 2 tranches de pain de mie restantes.

Le petit plus de la paresseuse

Pour une saveur plus relevée, remplacez les Carré frais par du fromage ail et fines herbes.

Fontainebleau

Le plus chic des desserts parigots.

Pour 4 portions

30 cl de crème entière liquide – 2 pots individuels de fromage blanc – 125 g de sucre – 1 gousse de vanille.

1. Placez la crème, les fouets et le bol du mixeur dans le congélateur.

2. Grattez la gousse de vanille et mélangez les grains avec le sucre.

3. Montez la crème en chantilly. Ajoutez le sucre vanillé.

4. Mélangez délicatement la chantilly et le fromage blanc.

5. Réservez au frais pendant 6 heures. Videz le petit lait avant de transvaser dans des petits pots.

Le petit plus de la paresseuse

Sans vouloir vous pousser au crime de gourmandise, ce dessert ravageur se marie magnifiquement à quelques fraises bien mûres d'été, juste trempées…

La box aveyronnaise

Ne leur dites jamais qu'on a prévu de manger en 30 minutes la cuisine délice qu'au pays du rugby on déguste tranquillement, la serviette au cou, pendant 2 à 3 heures autour de la table. Ne le dites pas, mais faites-le ! C'est si bon !

Entrée : tomates farcies au roquefort
Plat : cassoulet en salade
Dessert : fouace

Tomates farcies au roquefort

Le meilleur des fromages persillés en entrée toute simple, toute fraîche, mais forte en caractère !

Pour 2 tomates farcies

2 grosses tomates fermes – 2 portions de roquefort – 3 Carré Frais – poivre.

1. Découpez un chapeau aux tomates et évidez la chair.

2. Émiettez le roquefort. Mélangez délicatement avec les Carré Frais écrasés. Poivrez.

3. Garnissez les cavités des tomates et refermez avec les chapeaux.

Le petit plus de la paresseuse

Envie d'une farce un peu plus élaborée ? Ajoutez des anchois et des olives noires mixées.

Cassoulet en salade

Le vrai, le bon, celui des rives du canal du Midi… En juste (un peu) plus *light*.

Pour 2 portions
250 g de haricots blancs cuits (en boîte) – 1 cuisse de canard confite – 1 saucisse de Toulouse – 1 tomate – 1 c. à s. de vinaigre – 3 c. à s. d'huile d'olive – sel, poivre.

1. Égouttez les haricots.
2. Pelez la cuisse de canard et effilochez la chair. Coupez la saucisse en tronçons. Faites sauter dans une poêle chaude avec un peu de graisse de canard.
3. Concassez la tomate. Mélangez avec les haricots et la viande. Assaisonnez avec le vinaigre et l'huile, le sel et le poivre.

Le petit plus de la paresseuse

Pas très branchée haricots blancs au déjeuner (et effets gazeux pour le reste de la journée) ? Remplacez-les par des pommes de terre sautées et ajoutez une échalote et un petit oignon émincés.

Fouace

Comme son nom l'indique, c'est la cousine de la fougasse, mais elle est plus sucre et fleur d'oranger que frombif et lardons…

Pour 1 brioche à partager

500 g de farine – 30 g de levure de boulangerie – 150 g de sucre – 3 œufs + 1 jaune d'œuf – 10 cl de lait – 10 cl de fleur d'oranger – sel.

1. Délayez la levure dans le lait tiède.

2. Mélangez la farine, le sucre et une pincée de sel. Formez un puits et ajoutez la levure, l'eau de fleur d'oranger et les œufs. Pétrissez à la main. Formez une boule et laissez reposer.

3. Préchauffez le four à 180 °C (th. 6).

4. Formez une couronne avec la pâte. Dorez au jaune d'œuf et enfournez 45 minutes.

Le petit plus de la paresseuse

Si vous avez du sucre perle (comme celui des chouquettes) sous la main, c'est le moment d'en lâcher une poignée sur la fouace, juste avant d'enfourner.

La corsica box

Vous pouvez préparer votre lunch box chez vous en entonnant des chants polyphoniques à tue-tête, mais ne vous fâchez pas avec tout le building : dégustez votre corsica box en *silenciu* !

Entrée : bricks de brocciu aux épinards
Plat : polenta sandwichs
Dessert : canistrellis

Bricks de brocciu aux épinards

Pas besoin de permis de construire pour poser vos bricks fourrées à ce bon fromage frais AOC, comme « Attention Oh Ch'est bon » !

Pour 4 bricks

4 feuilles de brick – 300 g de brocciu – 800 g d'épinards frais – 1 jaune d'œuf – beurre – sel, poivre.

1. Préchauffez le four à 210 °C (th. 7).

2. Rincez et essorez les épinards, ôtez la nervure centrale de chaque feuille et hachez grossièrement. Faites réduire dans une poêle chaude avec une noix de beurre jusqu'à évaporation de l'eau. Laissez refroidir.

3. Émiettez le brocciu et incorporez aux épinards. Rectifiez l'assaisonnement.

4. Beurrez les feuilles de brick. Répartissez la garniture d'épinards au brocciu au centre de chacune. Repliez pour former des petits chaussons. Dorez au jaune d'œuf et enfournez 5 à 7 minutes.

Le petit plus de la paresseuse

Pas de brocciu à l'épicerie du coin ? Ne le dites pas à vos amis corses, mais remplacez-le en douce par du chèvre ou de la feta.

Polenta sandwichs

Ce que les Corses appellent la « polenta » n'a pas grand-chose à voir avec la semoule crémeuse des Italiens. C'est une sorte de pain de farine de châtaigne que vous pouvez utiliser pour des sandwichs énergétiques !

Pour 2 sandwichs
250 g de farine de châtaigne – 50 cl d'eau – 1 œuf – 6 tranches fines de saucisson corse – 1 tomate – beurre – sel, poivre.

1. Plongez la farine de châtaigne dans l'eau bouillante salée. Poursuivez la cuisson 15 minutes sans cesser de remuer. Quand la polenta se détache des bords, formez une boule. Enveloppez dans un torchon fariné et roulez pour former un boudin. Réservez au frais pendant 3 heures.
2. Faites cuire l'œuf dans l'eau bouillante pendant 10 minutes. Passez-le sous l'eau froide pour stopper la cuisson, écalez-le et tranchez-le. Coupez la tomate en tranches.
3. Coupez 4 tranches de polenta de 1 cm d'épaisseur et faites dorer les deux faces dans une poêle légèrement beurrée. Tartinez de brocciu, salez, poivrez, puis montez les sandwichs avec le saucisson, la tomate et l'œuf dur.

Le petit plus de la paresseuse
En cas de panne de farine de châtaigne, faites un saut express de l'autre côté du territoire français pour préparer votre polenta avec de la farine de sarrasin. Les Bretons appellent ça du « farz » et ça accompagne traditionnellement le « kig », une sorte de pot-au-feu.

Canistrellis

Ces petits biscuits du café au vin blanc risquent de vous rendre très populaire dans votre service. Et vous pourriez bien donner des idées aux collègues et les retrouver cet été sur la plage de Bonifacio. C'est le risque…

Pour une dizaine de canistrellis

250 g de farine – 100 g de sucre cristallisé (ou à gros grains) – 5 cl d'huile de tournesol – ½ verre de vin blanc – ½ verre de pastis – ½ sachet de levure chimique – sel.

1. Préchauffez le four à 180 °C (th. 6).
2. Mélangez la farine, le sucre, la levure et une pincée de sel. Formez un puits et ajoutez l'huile, le vin blanc et le pastis. Mélangez soigneusement.
3. Abaissez la pâte sur 2 cm d'épaisseur. Découpez des rectangles et disposez sur une plaque à biscuits couverte de papier sulfurisé.
4. Enfournez 30 minutes.

Le petit plus de la paresseuse

Si vous avez des graines de fenouil qui traînent dans votre tiroir à épices, c'est le moment de les saupoudrer sur vos canistrellis juste avant de les enfourner.

La ch'tite box

Bienvenue dans votre *bokche* du Ch'Nord !

Entrée : endives au maroilles
Plat : salade de bœuf à la bière
Dessert : spéculoos maison

Endives au maroilles

Non, ce n'est pas pour empoisonner les collègues que vous venez de micro-onder votre maroilles et de parfumer tout l'étage. C'est pour les initier à la cuisine régionale !

Pour 2 portions
4 endives – ½ maroilles – 1 c. à c. de sucre – 1 bouillon cube – beurre – poivre.

1. Coupez les pieds des endives et fendez-les dans le sens de la hauteur. Faites dorer de chaque côté dans une poêle chaude légèrement beurrée. Diluez le bouillon cube dans 15 cl d'eau avec le sucre et versez dans la poêle. Poursuivez la cuisson jusqu'à évaporation.
2. Préchauffez le four en mode gril.
3. Coupez le maroilles en tranches et couvrez les endives. Poivrez.
4. Enfournez 3 minutes.

Le petit plus de la paresseuse

Transformez cette entrée en plat de résistance en glissant une tranche de jambon sous le maroilles avant de passer au gril.

Salade de bœuf à la bière

Soyez des leu-eu-eurs ! Mettez de la bière dans votre bo-o-o-x !

Pour 2 portions

300 g de paleron de bœuf – 2 c. à s. de moutarde – 2 c. à s. de vergeoise – 1 oignon – 1 bouquet garni – 20 cl de bière brune – 2 poignées de mâche – 1 c. à s. de vinaigre – huile d'olive – sel, poivre.

1. Coupez le bœuf en gros dés. Tartinez de moutarde et enrobez de vergeoise. Émincez finement l'oignon.

2. Faites dorer les morceaux de bœuf sur toutes les faces dans une cocotte légèrement huilée. Ajoutez l'oignon et le bouquet garni. Salez, poivrez. Versez la bière et laissez cuire à couvert et à feu doux pendant 50 minutes. Laissez refroidir.

3. Rincez et essorez la mâche. Ajoutez les morceaux de bœuf. Arrosez de vinaigre.

Le petit plus de la paresseuse

Doublez les proportions et faites-en un vrai plat du dimanche… dont vous lunch-boxerez en réalité les restes au moment de cuisiner cette ch'tite salade.

Spéculoos

Apprenez à confectionner vous-même ces petits croquants à la cannelle qui vont si bien avec le « jus » qu'on sert à toute heure dans les maisons du Nord.

Pour une vingtaine de biscuits
100 g de farine – 100 g de vergeoise (ou de sucre non raffiné) – 35 g de beurre fondu – ¼ de sachet de levure chimique – 1 c. à c. de cannelle en poudre – ½ c. à c. de gingembre en poudre – ½ c. à c. d'anis en poudre – ¼ de c. à c. de noix muscade râpée.

1. Mélangez la farine, la levure, la vergeoise et les épices. Incorporez le beurre fondu et 1 c. à s. d'eau tiède. Formez une boule de pâte et laissez reposer 6 heures.
2. Préchauffez le four à 160 °C (th. 5-6).
3. Abaissez la pâte sur 0,5 cm d'épaisseur. Découpez des biscuits ovales à l'aide d'un emporte-pièce. Disposez sur une plaque à biscuits couverte de papier sulfurisé.
4. Enfournez 20 minutes.

Le petit plus de la paresseuse

Faites tout ce que vous voulez avec vos spéculoos : croquez-les sans vergogne, trempez-les dans le lait ou le café, écrasez-les pour une pâte à crumble express, utilisez-les pour un fond de verrine de compote de rhubarbe ou pour revisiter le tiramisu à la mode des Italiens immigrés dans le Ch'Nord.

La box dauphine

Lunch-boxez à la mode de Grenoble et des rives de l'Isère...

Entrée : bouchées de Saint-marcellin
Plat : salade dauphinoise
Dessert : tartelettes aux noix

Bouchées de Saint-marcellin

Un petit fromage du Grésivaudan pané comme un nugget des Alpes, à croquer du bout des doigts ou à déguster en salade.

Pour 2 bouchées

2 Saint-marcellin – 1 œuf – 1 verre de farine – 1 verre de chapelure fine.

1. Battez l'œuf en omelette. Versez dans une assiette creuse. Versez la farine dans une deuxième assiette et la chapelure dans une troisième.

2. Trempez les Saint-marcellin dans la première assiette, puis dans la deuxième, puis dans la troisième, et faites-les dorer 2 minutes de chaque côté dans une poêle chaude légèrement graissée.

Le petit plus de la paresseuse

Jouez-la à la grenobloise : ajoutez des noix rapidement mixées (rapidement pour qu'elles ne rendent pas d'huile) à votre chapelure.

Salade dauphinoise

Comme le gratin, mais en plus *light*…

Pour 2 portions
1 grosse poignée de salade frisée – 4 petites pommes de terre – 100 g de lardons – 1 oignon – 50 g de comté râpé – 10 cl de crème liquide – 1 c. à c. de moutarde – 1 c. à c. de vinaigre – sel, poivre.

1. Démarrez la cuisson des pommes de terre en robe de chambre dans l'eau froide salée. Poursuivez 10 minutes après l'ébullition. Refroidissez, pelez et coupez en tranches.

2. Faites revenir les lardons dans une poêle chaude sans matière grasse. Réservez. Dans la même poêle, faites blondir l'oignon épluché et finement émincé.

3. Lavez et essorez la salade.

4. Mélangez les ingrédients et préparez une vinaigrette en émulsionnant le vinaigre et la moutarde avec la crème et le fromage râpé.

Le petit plus de la paresseuse
Vous pouvez remplacer les lardons par du jambon cru effiloché.

Tartelettes aux noix

Miam, la tarte énergétique pour se dépenser sur les pistes… ou pour gravir une montagne de dossiers à régler en un après-midi !

Pour 4 tartelettes

1 pâte sablée – 120 g de crème fraîche – 100 g de noix décortiquées – 30 g de sucre roux.

1. Préchauffez le four à 180 °C (th. 6).

2. Tapissez quatre moules à tartelettes de pâte brisée. Faites cuire à blanc pendant 10 minutes.

3. Cassez grossièrement les cerneaux de noix (conservez-en une dizaine entiers pour la décoration). Mélangez avec le sucre et la crème fraîche.

4. Répartissez sur les fonds de tartelettes. Décorez avec des cerneaux de noix entiers.

5. Enfournez 30 minutes.

Le petit plus de la paresseuse

Faites votre pâte sablée vous-même : 250 g de farine + 125 g de sucre roux + 1 c. à c. de cannelle + 1 œuf + 100 g de beurre en petits dés... Ça se travaille du bout des doigts, on forme une boule et on laisse reposer avant d'abaisser.

La box alsacienne

Ne mettez pas les Alsaciens en boîte à cause de leur accent, mais mettez leur bonne cuisine en boîte, sans hésiter.

Entrée : bretzels
Plat : spaetzles et saucisses
Dessert : pain d'épices

Bretzels

Ces cœurs de petits pains au gros sel (trop injustement associés aux sticks industriels du rayon gâteaux apéro) sont une institution en Alsace. Leur nom signifie « temps de la pause ». Ce n'est pas justement ce dont vous avez besoin, une pause ?

Pour 4 gros bretzels
300 g de farine – 20 cl de lait – 20 g de bicarbonate de soude – 10 g de levure de boulangerie – 50 g de beurre mou – sel, gros sel.

1. Délayez la levure dans 10 cl de lait tiède. Préparez un levain en incorporant 3 cuillerées à soupe de farine. Laissez reposer dans un endroit chaud.
2. Mélangez la farine avec une pincée de sel. Formez un puits et versez 10 cl de lait. Incorporez le beurre mou et le levain. Pétrissez. Laissez reposer 2 heures.
3. Formez des boudins de pâte de 30 cm de long et repliez-les en cœurs croisés. Placez au réfrigérateur pendant 30 minutes.
4. Préchauffez le four à 270 °C (th. 9).
5. Faites bouillir 1,5 l d'eau avec le bicarbonate de soude. Hors du feu, pochez les bretzels. Récupérez avec une écumoire, parsemez de gros sel et disposez sur une plaque à biscuits couverte de papier sulfurisé.
6. Enfournez 15 minutes.

Le petit plus de la paresseuse

Tentez la version sucrée du bretzel en ajoutant 50 g de cassonade dans la pâte et en parsemant de sucre perle au lieu de gros sel.

Spaetzles et saucisses

Ces petites pâtes d'Europe centrale sont nettement plus faciles à préparer que la *pasta italiana*. À manger froides ou juste micro-ondées avec des rondelles de saucisses de Strasbourg.

Pour 2 portions

2 saucisses de Strasbourg – 200 g de farine – 2 œufs – 15 cl d'eau – noix muscade – sel.

1. Mélangez la farine, une pincée de sel et de noix muscade râpée. Formez un puits et versez-y les œufs et l'eau. Amalgamez.
2. Faites cuire les saucisses 10 minutes dans une casserole d'eau chaude, hors du feu.
3. Portez à ébullition un grand volume d'eau salée. Abaissez la pâte sur une planche. À l'aide d'un couteau, faites glisser des filaments dans l'eau bouillante. Dès que les spaetzles remontent à la surface, repêchez-les à l'aide d'une écumoire.
4. Servez avec les saucisses.

Le petit plus de la paresseuse

La charcuterie alsacienne ne s'arrête heureusement pas à la knacki. Remplacez sans hésiter les saucisses de Strasbourg par du jambon ou du lard fumé.

Pain d'épices

Apprenez à le faire vous-même, c'est tout de même meilleur et plus naturel que quand c'est l'ami Prosper qui s'y colle… Et ça vous donnera des tas d'idées de goûters, d'amuse-gueules et de sandwichs sucrés-salés.

Pour 1 pain d'épices
250 g de miel – 250 g de farine – 100 g de cassonade – 2 œufs – 10 cl de lait – ½ sachet de levure chimique – 1 c. à c. de mélange 4-épices – 1 c. à c. de cannelle en poudre – 1 c. à c. de gingembre en poudre – beurre – sel – sucre glace.

1. Préchauffez le four à 180 °C (th. 6).
2. Mélangez la farine, les épices, la levure, la cassonade et une pincée de sel. Formez un puits.
3. Faites réchauffer le miel dans une casserole et versez dans le puits.
4. Ajoutez les œufs et le lait, et amalgamez à l'aide d'une cuillère en bois.
5. Beurrez et farinez un moule à cake. Versez-y l'appareil. Enfournez 1 heure 10.
6. Laissez refroidir avant de démouler et saupoudrez de sucre glace.

Le petit plus de la paresseuse

Ici, le pain d'épices est proposé dans sa version familiale, tradi, sous forme de cake à partager. Si vous avez envie de portions individuelles, utilisez vos moules à muffins et réduisez le temps de cuisson de 15 à 20 minutes.

La box charentaise

Mettez-vous les pieds sous la table à midi. Mais gardez vos chaussures quand même : on vous invite à lunch-boxer à la mode de Charente, pas à bosser en chaussons fourrés !

Entrée : melon au pineau
Plat : salade de lingots
Dessert : millas

Melon au pineau

L'indispensable hors-d'œuvre des déjeuners d'été sous le tilleul de la maison de famille de ma plus chère amie Élodie.

Pour 2 portions
1 melon bien mûr – 2 tranches de jambon cru – quelques feuilles de basilic – pineau – poivre du moulin.

1. Coupez, épépinez et pelez le melon. Émincez-le en carpaccio.
2. Déposez une tranche de jambon cru dans le compartiment entrée de votre lunch box. Couvrez avec des tranches de melon. Arrosez de pineau. Poivrez et décorez avec le basilic.

Le petit plus de la paresseuse
Pour une version plus tartare que carpaccio, détaillez le melon en petits dés avec une tomate concassée et des petits cubes de concombre.

Salade de lingots

C'est de l'or, ces gros haricots blancs charentais, qu'on appelle « lingots » mais aussi « mogettes »…

Pour 2 portions
250 g de haricots blancs cuits – 1 poignée de pissenlits (ou, à défaut, de roquette) – 6 tomates cerises – 100 g de lardons – 1 c. à c. de moutarde – 1 c. à s. de vinaigre – 1 c. à s. d'huile de noix – sel, poivre.

1. Égouttez les haricots. Lavez et essorez les pissenlits. Rincez et coupez les tomates cerises en deux.
2. Faites revenir les lardons dans une poêle chaude sans matière grasse.
3. Mélangez les ingrédients et préparez une vinaigrette en émulsionnant le vinaigre et la moutarde avec l'huile de noix.

Le petit plus de la paresseuse
Poussez le voyage jusqu'en Vendée, où on prépare la même salade avec des coques sautées à l'ail à la place des lardons.

Millas

Millas, c'est comme « maïs » en verlan… Au cas où vous auriez besoin d'un moyen mnémotechnique pour vous souvenir que c'est avec de la Maïzena qu'on prépare ce gâteau-là.

Pour 1 millas à partager
110 g de Maïzena – 100 g de farine – 80 g de cassonade – 2 c. à s. de sucre – 1 gousse de vanille – 25 g de beurre mou – 3 œufs – 10 cl de lait – ½ sachet de levure chimique – 1 c. à s. d'eau de fleur d'oranger.

1. Préchauffez le four à 180 °C (th. 6).

2. Faites chauffer le lait.

3. Fendez et grattez la gousse de vanille. Mélangez à la cassonade.

4. Mélangez la Maïzena, la farine, la levure, la moitié du lait et les œufs. Délayez avec le reste du lait et l'eau de fleur d'oranger jusqu'à obtention d'une pâte lisse. Ajoutez les œufs et incorporez le beurre mou.

5. Versez dans un moule à gâteau beurré et enfournez 45 minutes. Saupoudrez de sucre et prolongez la cuisson 5 minutes.

Le petit plus de la paresseuse

Certains l'aiment aux amandes. Ajoutez 50 g de poudre d'amandes dans la préparation en diminuant de 30 g la quantité de farine, et parsemez d'amandes effilées en toute fin de cuisson, au moment de saupoudrer de sucre.

La box martiniquaise

Il flotte comme un air de grandes vacances dans cette box venue des contrées les plus exotiques du territoire français…

Entrée : féroce d'avocat
Plat : salade de lentilles au colombo de porc
Dessert : gâteau de banane

Féroce d'avocat

C'est le guacamole à l'antillaise. Épicé, certes, mais pas aussi méchant que son nom le laisse entendre…

Pour 2 portions

1 gros avocat – 150 g de morue séchée salée – 3 c. à s. de farine de manioc – 1 c. à c. d'huile d'olive – 1 pointe de couteau de pâte de piment – 1 gousse d'ail – ½ citron vert.

1. Faites tremper la morue dans l'eau pendant 1 heure. Épluchez et dégermez l'ail.

2. Coupez, dénoyautez, pelez et détaillez l'avocat en dés. Saupoudrez de farine de manioc et écrasez à la fourchette. Incorporez l'huile, le jus du citron vert, l'ail pressé et le piment.

3. Égouttez et pressez la morue. Émiettez-la et amalgamez avec le reste des ingrédients.

Le petit plus de la paresseuse

Pas si simple de mettre la main sur un paquet de farine de manioc. Si vous n'avez pas d'épicerie exotique à proximité, remplacez par de la farine, en divisant par deux la quantité.

Salade de lentilles au colombo de porc

N'attendez pas d'avoir un reste de colombo à écouler pour lunch-boxer à la martiniquaise : cuisinez-le en salade… et écoulez éventuellement les restes au dîner !

Pour 2 portions
80 g de lentilles vertes – 500 g de palette de porc – 1 bouillon cube – 1 courgette – 1 carotte – 2 pommes de terre – 1 échalote – 1 oignon – 1 c. à c. de graines de cumin – 1 c. à s. de poudre de colombo – 1 pointe de couteau de purée de piments – 1 citron vert – 2 gousses d'ail – 2 c. à s. d'huile d'olive – 1 c. à s. d'huile de noix – sel, poivre.

1. Coupez le porc en gros dés. Faites mariner dans le jus de citron, l'huile et l'ail pressé avec les graines de cumin. Rectifiez l'assaisonnement.

2. Diluez le bouillon cube dans 25 cl d'eau chaude.

3. Lavez et coupez la courgette en gros tronçons. Lavez, épluchez et coupez les pommes de terre et la carotte en gros dés. Épluchez et émincez l'oignon et l'échalote.

4. Faites revenir les légumes dans une cocotte avec l'huile d'olive. Ajoutez les morceaux de porc et faites sauter à feu vif. Ajoutez la marinade, la poudre de colombo et le piment. Couvrez avec le bouillon. Faites cuire à couvert et à feu doux pendant 2 heures. Laissez refroidir.

5. Faites cuire les lentilles dans leur équivalent en eau salée pendant 30 minutes. Laissez refroidir.

6. Composez une salade avec les lentilles, les morceaux de porc et les légumes.

7. Préparez une vinaigrette en émulsionnant 2 c. à s. de jus de colombo de porc avec le vinaigre et l'huile de noix.

Le petit plus de la paresseuse

Vous pouvez aussi recycler votre colombo de porc en sandwich.

Gâteau de banane

Parce qu'il y en a marre de la banane à éplucher tout simplement avant de croquer dedans (et aussi des blagues de Roger du service courrier à chaque fois qu'il nous voit en manger une).

Pour 1 gâteau à partager
2 bananes mûres – 250 g de farine – 150 g de sucre de canne – 100 g de beurre – 3 œufs – des cerneaux de noix – 1 gousse de vanille – ½ sachet de levure chimique – 1 bouchon de rhum.

1. Préchauffez le four à 180 °C (th. 6).

2. Pelez les bananes et écrasez la chair à la fourchette. Mélangez avec le sucre et les œufs. Fendez et grattez la gousse de vanille et incorporez à la pâte avec la farine et la levure.

3. Incorporez le beurre mou puis le rhum.

4. Cassez grossièrement les cerneaux de noix (conservez-en une dizaine entiers pour la décoration). Mélangez avec le sucre et la crème fraîche.

5. Versez dans un moule à cake beurré et enfournez 40 minutes.

Le petit plus de la paresseuse

Pour encore plus de saveur des îles, ajoutez 50 g de poudre de noix de coco à la préparation en même temps que la farine.

5 façons de luncher à la française sans boxer en catégorie trop tradi

1. Favorisez les mariages interrégionaux.

Pour équilibrer votre box et voir plus de pays en un seul lunch, faites des menus croisés : une entrée des montagnes, un plat océanique et un bon dessert fruité du Sud, ou l'inverse, évidemment. Rebattez les cartes et tentez les rencontres inattendues au sein même de vos recettes : osez gratiner les fruits de mer au fromage savoyard, glissez des olives provençales dans vos tartes flambées nordiques, mettez du piment d'Espelette un peu partout…

2. Remplissez votre garde-manger à chaque fois que vous bougez.

Un week-end à la campagne, un déplacement professionnel, des vacances franco-françaises ? Réservez-vous systématiquement une heure avant de partir pour faire le plein de produits locaux, plutôt chez les petits producteurs et sur les marchés que dans les corners à touristes des gares et aéroports.

3. Fréquentez le rayon « régions » de votre hypermarché.

Ne zappez pas par principe l'allée « produits d'chez nous » de votre grande surface. Vous y trouverez des tas de denrées venues de la France entière… Et aussi de votre propre coin de pays. Vous pourriez bien avoir des surprises, y compris pour ce qui concerne la cuisine de la porte à côté.

4. Piquez les recettes de mamie et revisitez-les.

On a toutes une mamie provinciale, qui a tous ses petits secrets pour donner un goût inimitable à sa recette unique de plat local. Espionnez-la : c'est peut-être une épice magique, une façon de cuire, un temps de pause à respecter, un tour de main pas si difficile à imiter… Piquez-lui tous ses trucs et faites ensuite à votre façon : du vrai travail d'équipe entre générations.

5. Jouez-la fines (et liqueurs).

Pour apporter une saveur typique à une préparation, rien ne vaut une petite larme de liqueur locale. Rapportez de Corse une petite fiole de fine de myrte ou de cédrat, du Pays basque une gourde de patxaran, du lambig d'Armorique, du bon rhum des Antilles, du pousse-rapière du Gers, de la chartreuse d'Isère…

8

Comment préparer les soldes avec une box économique

10 menus pour mettre son budget au régime sans se serrer la ceinture

C'est décidé, vous ne gaspillez plus vos tickets resto. Surtout quand on sait que pour déjeuner correctement au bistrot, il en faut au moins deux et, souvent, quelques piécettes supplémentaires. Vous êtes passée à la box en partie pour réduire votre budget déjoboulot. Allez jusqu'au bout de la logique : faites dans la radine box, qui n'est pas moins savoureuse parce qu'elle coûte presque rien !

La box du lundi (avec les restes du repas du dimanche)

Dimanche, jour du rosbif-purée et haricots verts ! Lundi, on boxe les restes en les saupoudrant d'idées.

Entrée : salade de haricots grillés
Plat : rosdwichs
Dessert : crumble aux restes de gâteau

Salade de haricots grillés

Les haricots cuits ont tendance à vite moisir au frigo… Ne perdez pas les restes de ceux que vous avez amoureusement effilés et cuits juste croquants pour le déjeuner du dimanche, faites-en une salade express.

Pour 2 portions
200 g de haricots cuits – 1 tomate – 1 petite boîte de thon au naturel – 1 échalote – 1 c. à s. de vinaigre – 1 c. à s. d'huile d'olive – sel, poivre.

1. Lavez et concassez la tomate. Égouttez le thon. Épluchez et émincez finement l'échalote.
2. Mélangez tous les ingrédients et assaisonnez avec le vinaigre, l'huile, le sel et le poivre.

Le petit plus de la paresseuse
Voyons ce qui traîne d'autre dans ce frigo-là… Un œuf dur ? Zou, dans la salade ! Un petit reste de fromage à pâte dure ? Vendu ! Une demi-boîte de maïs ? Des anchois en conserve ? C'est parti pour une salade composée de petits restes…

Rosdwichs

Quand le boucher pèse le rosbif du dimanche et demande : « Y en a un peu plus, je laisse ? », répondez systématiquement oui ! Car le sandwich du lendemain au rosbif et à la mayonnaise, c'est un classique, mais ça reste une tuerie.

Pour 2 sandwichs
4 tranches fines de rosbif cuit – 4 tranches de pain de campagne – 3 c. à s. de sauce tartare (ou de mayonnaise avec des câpres) – 2 feuilles de salade – 2 cornichons – 1 oignon – 1 c. à c. de sucre – 1 c. à s. de vinaigre balsamique – beurre – sel, poivre.

1. Préparez un confit d'oignon : épluchez et émincez finement l'oignon. Faites blondir dans une poêle chaude avec une noix de beurre. Salez, poivrez. Saupoudrez de sucre et déglacez au vinaigre. Laissez refroidir.
2. Tartinez les tranches de pain de campagne de sauce tartare. Disposez sur 2 d'entre elles une feuille de salade et 1 cornichon coupé dans la longueur. Posez 2 tranches de rosbif, 1 grosse c. à s. de confit d'oignon et refermez le sandwich avec les tranches de pain restantes.
3. Mélangez tous les ingrédients et assaisonnez : vinaigre, huile, sel et poivre.

Le petit plus de la paresseuse

C'est encore meilleur avec les gros cornichons malossol à la saveur aigre-douce. Et si vous en avez sous la main, ajoutez aussi une ou deux tomates séchées.

Crumble aux restes de gâteau

Un gâteau un peu rassis dont plus personne n'a vraiment envie ou un gâteau carrément raté qui a beaucoup trop cuit ? Faites-en une pâte à crumble pour arranger une poire qui menace de trop mûrir.

Pour 2 cassolettes

2 poires mûres – 1 tranche de gâteau au chocolat légèrement rassis – 25 g de beurre – 30 g de farine.

1. Préchauffez le four à 180 °C (th. 6).

2. Pelez la poire, coupez-la en quartiers et épépinez-la. Disposez les morceaux au fond de deux cassolettes.

3. Émiettez le gâteau. Ajoutez la farine et le beurre coupé en petits dés. Travaillez du bout des doigts pour obtenir un mélange sablé. Versez sur les poires.

4. Enfournez 10 minutes.

Le petit plus de la paresseuse
Ça marche aussi avec les pommes, les pêches, les figues et tous les fruits qui ne demandent qu'à être rapidement consommés.

La box du placard

Rien de rien de rien dans le frigo… Y a plus qu'à aller au resto ? À moins que ce soit le moment d'écouler les petites boîtes de conserve et autres ingrédients impérissables qui habitent dans nos placards.

Entrée : croquettes de maïs
Plat : tuna sandwichs
Dessert : gâteaux renversés à la pêche

Croquettes de maïs

Elle est impérissable, la petite boîte de maïs premier prix achetée le jour où on a emménagé. C'est sûr, ce serait commode de la jeter dans une salade… Mais rien que d'y penser, vous êtes déjà lassée. Et si vous en faisiez des petites croquettes qui croustillent ?

Pour 4 croquettes

250 g de maïs en boîte – 200 g de mimolette – 1 œuf – 1 c. à s. de farine – beurre – sel, poivre.

1. Égouttez le maïs. Râpez la mimolette. Mélangez avec le jaune d'œuf et la farine. Salez, poivrez.

2. Battez le blanc en neige. Incorporez délicatement au mélange.

3. Formez des croquettes et faites dorer 3 minutes de chaque côté dans une poêle chaude légèrement beurrée.

Le petit plus de la paresseuse

Ajoutez une pincée de cumin à la pâte à croquettes pour apporter une touche orientale.

Tuna sandwichs

Le plus classique des sandwichs de boulangerie après le jambon-beurre ? Le sandwich au thon. C'est un formidable basique, qui a juste besoin d'être un peu bousculé pour gagner en modernité.

Pour 2 sandwichs

2 buns (les pains à burgers) – 1 boîte de thon au naturel – 3 Carré Frais – 1 c. à c. de câpres – 1 carotte – 1 tomate – 1 oignon – 1 citron – 1 c. à c. de moutarde – 2 feuilles de salade – sel, poivre.

1. Lavez, essorez et ciselez la salade. Lavez et coupez la tomate en tranches. Épluchez et émincez finement l'oignon. Lavez, pelez et râpez la carotte.

2. Égouttez le thon et émiettez-le. Mélangez à la fourchette avec les Carré Frais et la moutarde. Salez, poivrez. Ajoutez les câpres.

3. Tartinez l'intérieur des buns avec ce mélange. Disposez la salade, la tomate, l'oignon et les carottes râpées. Fermez avec le chapeau des buns.

Le petit plus de la paresseuse

Je le préfère encore avec du céleri-boule râpé qu'avec des carottes. Ça peut aussi se faire avec de la betterave crue ou du panais. L'essentiel étant que ça parfume et que ça croque !

Gâteaux renversés à la pêche

La boîte de pêches au sirop, là, derrière les céréales, juste après le lait concentré, entre les réserves de farine et les 7 kg de spaghettis en cas de guerre, ça vous dirait pas de la faire sortir de sa cachette pour faire un gâteau crousti-moelleux bluffant ?

Pour 4 gâteaux individuels

1 boîte de pêches au sirop – 50 g de sucre – 150 g de farine – 150 g de beurre mou – 150 g de cassonade – 3 œufs – ½ sachet de levure chimique.

1. Préchauffez le four à 180 °C (th. 6).

2. Ouvrez la boîte de pêches et coupez les oreillons en quartiers. Réservez les fruits et mettez à chauffer la moitié du jus avec le sucre. Dès que le mélange blondit, coupez le feu et répartissez dans les moules à gâteaux. Tapissez immédiatement de quartiers de pêches.

3. Travaillez le beurre et le sucre au fouet jusqu'à ce que le mélange blanchisse. Ajoutez les œufs et fouettez. Incorporez la farine et la levure. Couvrez les pêches avec cette pâte.

4. Enfournez 25 minutes. Laissez refroidir avant de démouler.

Le petit plus de la paresseuse

Vous savez quoi, ça marche aussi avec la boîte d'ananas en rondelles qui se planque derrière le bocal d'asperges…

La box de l'étudiante

Il est fauché, il n'a le temps de rien et il raffole de tout ce qui ressemble de près ou de loin à de la junk-food. L'étudiant donne sa leçon de cuisine radine.

Entrée : salade de riz à (presque) rien
Plat : steak paninis
Dessert : gâteaux de semoule

Salade de riz à (presque) rien

Pas le temps, pas les moyens, pas le réflexe de passer chez les primeurs acheter des légumes frais ? L'étudiant, sans risquer le scorbut (car il dîne de temps en temps chez sa maman), se cuisine une salade de riz simplissime, mais avec du goût quand même.

Pour 2 portions

200 g de riz long – 2 œufs – 4 bâtons de surimi – ½ c. à c. de paprika en poudre – ½ citron – 2 c. à s. d'huile d'olive – sel, poivre.

1. Faites cuire le riz 11 minutes dans un grand volume d'eau bouillante salée. Égouttez et rincez à l'eau froide. Incorporez le paprika.

2. Faites cuire les œufs dans l'eau bouillante pendant 10 minutes. Passez-les sous l'eau froide pour stopper la cuisson. Écalez-les et coupez-les en rondelles.

3. Coupez le surimi en dés. Mélangez tous les ingrédients. Arrosez de jus de citron et d'huile d'olive. Rectifiez l'assaisonnement.

Le petit plus de la paresseuse

Selon ce que sa maman lui a glissé dans sa valise le dimanche soir au milieu de son linge propre, l'étudiant ajoutera à cette salade à revenus variables des olives noires, des mini-épis de maïs au vinaigre, des tomates séchées.

Steak paninis

Une sorte de burger, nettement plus facile à transporter.

Pour 2 sandwichs

1 baguette – 2 steaks hachés – 1 boîte de concentré de tomates – 1 oignon – 1 c. à c. de sucre – 1 boule de mozzarella – ½ c. à c. d'herbes de Provence – sel, poivre.

1. Préchauffez le four en mode gril.

2. Épluchez et émincez finement l'oignon. Faites blondir dans une poêle chaude légèrement graissée. Ajoutez le concentré de tomates, le sucre et 15 cl d'eau. Émiettez les steaks hachés. Rectifiez l'assaisonnement. Laissez cuire 5 minutes.

3. Tranchez la boule de mozzarella.

4. Coupez la baguette en deux, puis fendez chaque morceau dans le sens de la longueur. Garnissez de sauce au steak et de mozzarella.

5. Calez les paninis entre deux grilles et enfournez 4 minutes.

Le petit plus de la paresseuse

Micro-ondez votre panini 30 secondes à pleine puissance juste avant de passer à table.

Gâteaux de semoule

L'étudiant aime cet entremets régressif qui lui rappelle son enfance (et les week-ends passés chez sa maman) et qui lui permet de s'offrir une douceur en fin de repas à très bas prix. Sûr que vous allez aimer aussi.

Pour 4 ramequins

80 g de semoule fine – 1 c. à s. de raisins secs – 100 g de sucre – 1 sachet de sucre vanillé – 60 cl de lait – 2 œufs – 10 cl de crème liquide.

1. Préchauffez le four à 180 °C (th. 6).

2. Faites gonfler les raisins secs dans un bol d'eau.

3. Faites bouillir le lait avec le sucre et le sucre vanillé. Versez la semoule en pluie et poursuivez la cuisson à feu doux pendant 3 minutes, sans cesser de remuer.

4. Incorporez les raisins secs, les œufs et la crème. Versez dans les ramequins individuels.

5. Enfournez 20 minutes.

Le petit plus de la paresseuse

Vous le voulez vraiment très très bon, comme dans votre enfance ? Préparez un caramel en faisant fondre du sucre en poudre à sec et tapissez-en les ramequins avant de verser la pâte de semoule.

La patate box

Fin de mois difficile ? Il est temps de passer voir sa copine Charlotte. Mais non, pas Charlotte la voisine rigolote, Charlotte la pomme de terre belle, bonne et pas chère…

Entrée : galettes jambon-pommes de terre
Plat : gnocchis au beurre de sauge
Dessert : gâteau de Savoie

Galettes jambon-pommes de terre

Dans ma Savoie natale, on les appelle les « matafans » et ça veut dire « mate ta faim ». On fait difficilement plus clair !

Pour 6 galettes
400 g de pommes de terre – 1 oignon – 2 tranches de jambon – 1 œuf – beurre – sel, poivre.

1. Lavez et épluchez les pommes de terre. Épluchez l'oignon. Râpez-les et séchez-les dans un torchon propre.
2. Détaillez le jambon en petits dés. Ajoutez aux pommes de terre et oignon râpés. Incorporez l'œuf battu. Salez, poivrez.
3. Formez des galettes et faites-les dorer 5 minutes de chaque côté dans une poêle légèrement beurrée.

Le petit plus de la paresseuse
Les vrais matafans des montagnes intègrent de la courgette râpée dans la recette. L'essayer, c'est l'adopter !

Gnocchis au beurre de sauge

Non, vous ne les achèterez plus tout prêts…

Pour 2 portions
300 g de pommes de terre bintje – 80 g de farine – 1 jaune d'œuf – noix muscade – 1 branche de sauge – ½ citron – 100 g de beurre – sel, poivre.

1. Épluchez les pommes de terre. Démarrez la cuisson dans l'eau froide salée et poursuivez après ébullition jusqu'à ce que la pointe d'un couteau s'enfonce dans la chair. Écrasez-les au presse-purée. Laissez tiédir.

2. Formez un puits dans la purée de pommes de terre et ajoutez la moitié de la farine et le jaune d'œuf. Amalgamez en incorporant progressivement le reste de la farine. Salez, poivrez et saupoudrez de noix muscade râpée.

3. Formez un saucisson de pâte et coupez-le en tranches. Détaillez les tranches en petits boudins de 2 cm de long et 1 cm de large. Faites-les rouler sur le dos d'une fourchette pour dessiner des sillons.

4. Préparez le beurre de sauge : détachez les feuilles de la branche et plongez-les 1 minute dans l'eau bouillante. Égouttez. Ajoutez le jus de citron et le beurre mou, salez, poivrez. Mixez finement. Réservez au frais.

5. Portez à ébullition un grand volume d'eau salée. Pochez les gnocchis : dès qu'ils remontent à la surface, ils sont cuits.

Le petit plus de la paresseuse

Embarquez dans votre box les gnocchis refroidis d'un côté et le beurre de l'autre. Vous n'aurez plus qu'à les réunir au moment de les passer au micro-ondes à pleine puissance 1 minute 30.

Gâteau de Savoie

Il est insoupçonnable, le gâteau si léger de mon pays. Pourtant, il est bien cuisiné à partir de patates… Enfin, plus exactement de fécule de pomme de terre.

Pour 1 gâteau à partager

125 g de sucre – 50 g de fécule de pomme de terre – 20 g de farine – 20 g de Maïzena – 3 œufs – 1 gousse de vanille – beurre – sucre glace.

1. Préchauffez le four à 240 °C (th. 8).
2. Séparez les blancs des jaunes d'œufs. Fouettez les jaunes avec le sucre jusqu'à ce que le mélange blanchisse.
3. Fendez une gousse de vanille et grattez-la pour récupérer les graines. Mélangez avec la farine, la fécule de pomme de terre et la Maïzena. Incorporez le mélange œuf-sucre.
4. Battez les blancs en neige ferme et incorporez-les délicatement à la pâte.
5. Beurrez votre moule à gâteau et versez-y la pâte.
6. Enfournez 50 minutes. Laissez refroidir avant de démouler et saupoudrez de sucre glace.

Le petit plus de la paresseuse

Ma grand-mère, cette artiste culinaire, coupait soigneusement le gâteau de Savoie dans le sens de la hauteur pour le fourrer de confiture d'oranges. Parfois, elle poussait le vice jusqu'à glacer au chocolat…

La box des Trois Petits Cochons

Le porc est de loin la viande la moins chère. Pour ne rien gâcher, elle n'est pas difficile à cuisiner et se laisse volontiers lunch-boxer.

Entrée : rillettes maison
Plat : porc au caramel
Dessert : gâteau cochon au sirop d'érable

Rillettes maison

La tartinade la plus économique de toutes, à faire swinguer avec un bon morceau de pain de campagne et quelques cornichons.

Pour 1 grand pot de rillettes
1 kg de viande de porc variée (épaule, poitrine, talon, panne...) – 130 g de saindoux – 1 bouquet garni – sel, poivre.

1. Faites fondre 20 g de saindoux dans une cocotte en fonte. Ajoutez les morceaux de porc et le bouquet garni. Salez, poivrez. Ajoutez 80 g de saindoux. Couvrez et laissez cuire à feu doux pendant 6 heures.
2. Retirez le couvercle et augmentez la puissance du feu jusqu'à évaporation du liquide. Coupez le feu et laissez refroidir 1 heure.
3. Émiettez la viande (avec les mains, c'est le plus simple) et retirez les os. Versez dans le pot et couvrez de saindoux. Conservez au réfrigérateur.

Le petit plus de la paresseuse
Si vous aimez ça (moi pas), remplacez une partie de la viande de porc par du lapin.

Porc au caramel

Le classique du traiteur chinois. Trop facile à préparer chez soi pour justifier qu'on choisisse enfin autre chose sur la carte à la prochaine sortie au resto...

Pour 2 portions
300 g de sauté de porc dégraissé – 1 oignon – 1 gousse d'ail – 2 c. à s. de sucre – 1 c. à s. de nuoc-mâm – 1 c. à c. de sauce soja – 1 c. à c. de Maïzena – huile – sel, poivre.

1. Découpez les morceaux de porc en petits cubes. Faites-les sauter 5 minutes dans une poêle chaude légèrement huilée. Réservez.
2. Épluchez et émincez finement l'oignon. Faites blondir dans la même poêle. Saupoudrez de sucre et déglacez avec le nuoc-mâm et la sauce soja. Ajoutez l'ail pressé et la viande. Salez, poivrez et saupoudrez de Maïzena. Versez 20 cl d'eau et laissez mijoter à feu doux pendant 30 minutes à découvert.

Le petit plus de la paresseuse
À servir avec du riz parfumé, *what else* ?

Gâteau cochon au sirop d'érable

Chez nos amis canadiens, le dessert « cochon » n'est pas celui qui donne des idées coquines une fois qu'on l'a croqué. C'est un dessert délicieusement sucré dont on se pourlèche sans complexes, quitte à oublier un instant les convenances…

Pour 1 gâteau à partager
125 g de farine – 75 g de sucre – 50 g de sirop d'érable – 40 g de beurre fondu – 10 cl de lait – ½ sachet de levure chimique.

1. Préchauffez le four à 180 °C (th. 6).

2. Fouettez les œufs avec le sucre jusqu'à ce que le mélange blanchisse.

3. Incorporez le sirop d'érable et le beurre fondu, puis la farine et la levure. Amalgamez et détendez la pâte avec le lait.

4. Beurrez le moule à gâteau et versez-y la pâte.

5. Enfournez 35 minutes. Laissez refroidir avant de démouler.

Le petit plus de la paresseuse

Pour accompagner cette douceur du pays des caribous, préparez un caramel d'érable en faisant chauffer 25 cl de sirop d'érable avec 1 c. à s. de glucose. Quand le sirop commence à prendre une teinte brune, ajoutez 40 cl de crème liquide et faites épaissir à feu doux pendant 5 à 10 minutes.

La box tout pain

Que vous le fassiez vous-même ou que vous le recycliez (même un peu rassis) en recette, le pain est toujours un ingrédient économique. Et en plus, c'est bien de chez nous d'en manger.

Entrée : fougasses
Plat : ragoût de pain raz el-hanout
Dessert : pain perdu au caramel au beurre salé

Fougasses

À l'apéro, en entrée, sur le pouce en cavalant entre deux réunions, ce petit pain provençal oscille entre la pizza (en plus propre à manger) et le chausson (les miettes en moins).

Pour 2 fougasses

125 g de farine – 10 g de levure de boulangerie – 1 c. à s. de crème fraîche – 1 c. à s. d'huile d'olive – 40 g de lardons – 1 oignon – 30 g de fromage râpé – sel, poivre.

1. Préparez un levain en délayant la levure dans un peu d'eau tiède.

2. Mélangez la farine, une pincée de sel, l'huile d'olive et le levain. Ajoutez 5 cl d'eau tiède. Pétrissez et formez une boule. Laissez reposer 2 heures dans un endroit chaud.

3. Faites revenir les lardons dans une poêle chaude non graissée. Réservez. Faites blondir l'oignon dans la même poêle.

4. Préchauffez le four à 240 °C (th. 8).

5. Abaissez la pâte sur une feuille de cuisson. Tartinez la moitié de la surface de crème fraîche, ajoutez les lardons, l'oignon et le fromage râpé. Rabattez l'autre partie de la pâte pour former un chausson. Dorez à l'œuf en insistant sur les jointures. Incisez plusieurs fois dans le sens de la largeur avec la pointe d'un couteau.

6. Enfournez sur une plaque à biscuits pendant 20 minutes.

Le petit plus de la paresseuse

Soyez décontract' de la fougasse : garnissez-la avec tout ce que vous voulez ! Des tomates séchées, des olives, du chorizo, des lamelles de poivron…

Ragoût de pain raz el-hanout

Un petit ragoût aux parfums d'Orient pour écouler le pain rassis et/ou pour faire face aux fins de mois vraiment corsetées…

Pour 2 portions

½ pain rassis – 1 oignon – 1 tomate – 3 gousses d'ail – 1 c. à c. de coriandre ciselée – ½ c. à c. d'épices raz el-hanout – huile d'olive – sel, poivre.

1. Coupez le pain en tranches épaisses.

2. Épluchez et émincez finement l'oignon. Faites blondir dans une poêle légèrement huilée. Ajoutez la tomate concassée et les gousses d'ail épluchées, dégermées et hachées. Saupoudrez de raz el-hanout et couvrez d'eau. Rectifiez l'assaisonnement. Laissez mijoter à feu doux et à découvert pendant 15 minutes.

3. Ajoutez les tranches de pain et poursuivez la cuisson 10 minutes.

Le petit plus de la paresseuse

À la dèche mais pas complètement ruinée ? Faites revenir quelques lardons à la poêle avant d'y faire blondir l'oignon.

Pain perdu au caramel au beurre salé

Un grand classique du goûter de notre enfance, qui liquide les restes en suggérant de grands mmmh…

Pour une dizaine de tranches
du pain rassis – 50 cl de lait – 20 g de cassonade – 1 œuf – 100 g de sucre – 50 g de beurre salé – 20 cl de crème liquide – 1 pincée de sel de Guérande – beurre.

1. Faites fondre le sucre à sec dans une petite casserole. Dès qu'il prend une teinte blonde, ajoutez hors du feu le beurre salé en petits morceaux et la crème liquide. Faites cuire à feu doux pendant 10 minutes sans cesser de remuer.
2. Coupez le pain en tranches de 2 cm d'épaisseur.
3. Fouettez les œufs avec le sucre et le lait.
4. Trempez le pain dans le mélange œufs-sucre-lait, puis faites dorer 3 minutes de chaque côté dans une poêle chaude légèrement beurrée.
5. Servez avec le caramel tiède.

Le petit plus de la paresseuse

Pour tiédir votre caramel en direct du 17e étage de la tour où vous travaillez, passez-le 20 secondes au micro-ondes à pleine puissance.

La box rien à jeter

Rien de plus rageant, de façon générale et davantage encore quand on a un budget serré, de devoir jeter des denrées… Surveillez les dates limites de consommation. Et apprenez aussi à cuisiner ce que vous croyez seulement bon pour le compost !

Entrée : salade de fanes de radis
Plat : gratin de pelures de pommes de terre
Dessert : orangettes

Salade de fanes de radis

Vous aimez le mesclun, les pissenlits, les jeunes pousses d'épinards ? Vous allez raffoler de ces fanes fraîches qui pourraient bien vous faire acheter des radis rien que pour manger tout sauf la racine !

Pour 2 portions
les fanes d'une botte de radis – 4 feuilles de batavia – 2 tranches de pain – 1 tomate – 4 tranches de bûche de chèvre – 50 g de lardons – 1 c. à c. de moutarde – 1 c. à s. de vinaigre balsamique – 2 c. à s. d'huile d'olive – sel, poivre.

1. Lavez, essorez et ciselez la salade et les fanes de radis.

2. Coupez le pain en croûtons et faites-les dorer 2 minutes dans une poêle chaude légèrement huilée.

3. Faites revenir les lardons dans une poêle chaude sans matière grasse.

4. Concassez la tomate. Mélangez avec la salade, les fanes, les croûtons et les lardons. Émiettez le fromage de chèvre.

5. Préparez une vinaigrette en émulsionnant la moutarde avec le vinaigre et l'huile d'olive. Rectifiez l'assaisonnement et versez sur la salade.

Le petit plus de la paresseuse

Ajoutez à cette salade tout ce qui vous tente : des carottes râpées, des cerneaux de noix, des pignons de pin, un œuf mollet… Et, bien sûr, des petits radis roses coupés en rondelles !

Gratin de pelures de pommes de terre

Après avoir fait une purée ou des frites, ne jetez pas trop vite vos pelures. Pourvu que vous ayez bien lavé vos pommes de terre avant de les éplucher, elles sont tout ce qu'il y a de plus comestibles. En gratin, c'est même un délice.

Pour 2 portions
les pelures régulières de 2,5 kg de pommes de terre – 2 oignons – 20 cl de crème fraîche – 100 g de fromage râpé – sel, poivre.

1. Préchauffez le four à 160 °C (th. 5-6).

2. Épluchez et émincez finement les oignons. Faites-les blondir dans une poêle chaude légèrement huilée.

3. Beurrez le fond d'un petit plat à gratin. Tapissez de pelures de pommes de terre. Ajoutez une couche d'oignons. Salez, poivrez. Arrosez de crème. Saupoudrez de fromage. Et recommencez la même opération jusqu'à épuisement des ingrédients, en terminant par une couche de fromage.

4. Enfournez 25 minutes.

Le petit plus de la paresseuse

Vous pouvez remplacer le gruyère râpé en sachet par des vieux fromages un peu secs qui traînent dans le frigo. Râpez-les au robot.

Orangettes

Apprenez à couper les oranges que vous mangez à la main de façon à pouvoir utiliser les écorces et en faire de délicieuses bouchées chocolatées.

Pour 1 ballotin d'orangettes à partager

3 oranges non traitées (à écorce épaisse) – 300 g de sucre – 400 g de chocolat pâtissier – 1 c. à c. de sel.

1. Brossez les oranges sous l'eau froide. Incisez la peau en quartiers pour retirer l'écorce.

2. Faites blanchir les écorces dans l'eau bouillante salée (pour ôter l'amertume).

3. Égouttez les écorces et taillez-les en lamelles.

4. Préparez un sirop en faisant fondre le sucre avec 70 cl d'eau. Quand le sirop bout, plongez les écorces et poursuivez la cuisson 5 minutes. Coupez le feu et laissez reposer 2 heures. Portez de nouveau le sirop et les écorces à ébullition. Coupez le feu et laissez reposer à nouveau 2 heures. Sortez les écorces du sirop et laissez-les sécher sur une grille de pâtisserie avec une feuille de papier sulfurisé en dessous.

5. Le lendemain, faites fondre les deux tiers du chocolat au bain-marie. Ajoutez le tiers restant hors du feu et mélangez jusqu'à ce qu'il ait fondu (c'est ce qui s'appelle « tempérer » le chocolat, pour qu'il soit brillant une fois sec). Plongez les écorces confites dans le chocolat (si possible à l'aide d'une fourchette à tremper). Égouttez-les rapidement et laissez-les sécher sur une feuille de papier sulfurisé.

Le petit plus de la paresseuse

Oui, c'est long à préparer, mais c'est bluffant. Cuisinez vos orangettes en quantité et offrez-les à tout l'étage dans des petits sachets enrubannés la veille de Noël. Si avec ça, vous ne décrochez pas le prix de camaraderie au Nouvel An…

La box du paysan

Comme le paysan qui vit (en partie) en autarcie grâce aux fruits de la terre qu'il cultive, concoctez-vous une box paysanne avec les fruizélégumes les plus abordables du marché.

Entrée : salade de chou-fleur aux fruits secs
Plat : cake fermier
Dessert : crème à la pomme

Salade de chou-fleur aux fruits secs

Une bonne recette campagnarde pour changer du chou-fleur en gratin et écouler les fruits de l'été qu'on a fait sécher.

Pour 2 portions

1 douzaine de bouquets de chou-fleur – 1 pomme – 4 abricots secs – 1 poignée de raisins secs – 1 c. à s. de vinaigre – 2 c. à s. d'huile d'olive – sel, poivre.

1. Faites cuire les bouquets de chou-fleur à la vapeur pendant 10 minutes. Laissez refroidir.

2. Pelez, épépinez et coupez la pomme en petits dés. Détaillez les abricots secs en lamelles.

3. Mélangez tous les ingrédients, salez, poivrez et arrosez d'huile et de vinaigre.

Le petit plus de la paresseuse

Ici, on propose les abricots et les raisins secs, mais il va de soi que les prunes séchées, les figues et les dattes savent aussi agrémenter le chou-fleur de façon originale.

Cake fermier

Un gâteau salé riche en petits légumes pour affronter les dures conditions de la vie aux champs… Élysées un jour de shopping !

Pour 6 mini-cakes

1 oignon – 1 pomme de terre – 1 petite carotte – 125 g de lardons – 80 g de farine – 50 g de fromage râpé – 2 œufs – 5 cl de lait – 5 cl d'huile – ½ sachet de levure chimique – beurre – sel, poivre.

1. Préchauffez le four à 180 °C (th. 6).
2. Épluchez et émincez finement l'oignon. Faites-le blondir dans une poêle chaude légèrement huilée.
3. Lavez, pelez et coupez la pomme de terre en petits dés. Faites-les sauter dans une poêle chaude légèrement huilée pendant 10 minutes.
4. Lavez, pelez et râpez la carotte.
5. Faites revenir les lardons dans une poêle chaude non graissée. Réservez sur du papier absorbant.
6. Mélangez la farine, la levure, une pincée de sel et les œufs. Ajoutez le lait et l'huile. Poivrez. Incorporez le fromage, la carotte râpée, les dés de pomme de terre sautés et l'oignon.
7. Versez dans les alvéoles beurrées d'un moule à muffins.
8. Enfournez 25 minutes.

Le petit plus de la paresseuse
Selon la saison, jetez une poignée de petits pois, des dés de courge, des champignons émincés dans la préparation…

Crème à la pomme

La poule a pondu. Le pommier a donné. La vache a été traite dès potron-minet. À midi, c'est crème à la pomme comme à la ferme.

Pour 4 pots de crème
1 grosse pomme – 30 cl de lait – 2 œufs – 2 c. à s. de sucre – 2 c. à s. de cassonade – 1 gousse de vanille – beurre.

1. Préchauffez le four à 150 °C (th. 5).

2. Pelez, coupez en quartiers et épépinez la pomme. Détaillez-la en petits dés. Faites-les dorer dans une poêle chaude légèrement beurrée. Saupoudrez de sucre et laissez caraméliser 3 minutes. Répartissez les pommes dans les petits pots.

3. Fouettez les œufs avec la cassonade.

4. Faites chauffer le lait avec la gousse de vanille fendue dans la longueur. Versez sur les œufs sucrés. Faites épaissir à feu doux pendant 5 minutes. Versez sur les pommes.

5. Enfournez 25 minutes.

Le petit plus de la paresseuse

Vous êtes finalement chez vous et pas au bureau ? Brûlez-moi tout ça à la fin de la cuisson avec 1 c. à s. de sucre sur le dessus et zou, 3 minutes au gril !

La carrot box

L'auteure de ce livre analyse sa passion pour les carottes (qu'elle consomme à raison de 1 kg par semaine) sur le divan depuis une dizaine d'années. Elle n'a toujours pas élucidé le fond de l'affaire, mais se dit qu'à force, elle a les fesses vraiment roses.

Entrée : carottes à l'orientale
Plat : tatins de carottes
Dessert : carrot cupcakes et confiture de carottes

Carottes à l'orientale

Comme chez le traiteur maghrébin.

Pour 2 portions
150 g de carottes – 2 gousses d'ail – 1 c. à s. d'huile d'olive – 1 petit bouquet de coriandre – ½ c. à c. de cumin en poudre – 2 gouttes de Tabasco – ½ citron – sel, poivre.

1. Lavez, pelez et coupez les carottes en rondelles. Faites cuire dans l'eau bouillante pendant 10 minutes. Égouttez et laissez refroidir.
2. Épluchez, dégermez et pressez l'ail. Ajoutez le cumin, le jus de citron, l'huile et le Tabasco. Versez sur les carottes.
3. Rincez et ciselez la coriandre. Ajoutez à volonté sur la salade de carottes.

Le petit plus de la paresseuse
Ajoutez une pomme râpée pour la jouer sucré-salé.

Tatins de carottes

La fameuse tarte renversée, version aimable.

Pour 2 tartelettes individuelles
300 g de carottes – 1 pâte feuilletée – 2 tranches de bacon – 1 oignon rouge – 1 c. à s. de crème fraîche – 1 branche de thym – ½ c. à c. de curry en poudre – 1 jaune d'œuf – beurre – sel, poivre.

1. Préchauffez le four à 200 °C (th. 6-7).

2. Épluchez et émincez finement l'oignon. Faites-le blondir dans une poêle chaude légèrement huilée.

3. Lavez, pelez et coupez les carottes en rondelles. Faites-les revenir 10 minutes dans une poêle chaude avec une noix de beurre et la branche de thym. Saupoudrez de curry et ajoutez 1 c. à s. d'eau. Rectifiez l'assaisonnement.

4. Faites griller le bacon sur les deux faces dans une poêle légèrement huilée.

5. Beurrez le fond de grands moules à tartelettes. Tapissez de carottes puis d'oignon. Arrosez de crème fraîche et couvrez d'une tranche de bacon.

6. Recouvrez de pâte feuilletée et dorez au jaune d'œuf.

7. Enfournez 45 minutes.

Le petit plus de la paresseuse

À servir avec quelques… carottes râpées assaisonnées de jus d'orange et de réglisse en poudre !

Carrot cupcakes et confiture de carottes

Carotte un jour, carotte toujours… Jusqu'au bout du dessert !

Pour 6 gros cupcakes

150 g de carottes – ½ orange – 50 g de sucre – 40 g de beurre fondu – 70 g de farine – 25 g d'amandes hachées – 1 œuf – ½ sachet de levure chimique – ½ c. à c. de cannelle en poudre.

Pour la confiture de carottes

500 g de carottes – 500 g de sucre cristallisé – 1 citron.

1. Préparez la confiture de carottes : lavez, pelez et coupez les carottes en fines rondelles. Placez-les dans le fond d'une marmite avec le sucre, le jus et les zestes du citron. Couvrez d'eau et faites cuire à feu doux pendant 5 heures en remuant régulièrement.
2. Lavez, pelez et râpez les carottes. Prélevez les zestes de l'orange et pressez le jus.
3. Fouettez le beurre, le sucre et l'œuf. Incorporez la farine, la levure et la cannelle. Ajoutez le jus d'orange, les carottes et les amandes hachées.
4. Remplissez les caissettes à cupcakes et enfournez 30 minutes.
5. Glacez à la confiture de carottes.

Le petit plus de la paresseuse

La flemme de faire une confiture de carottes ? Préparez un glaçage tout rose (comme les fesses de l'auteure) avec 125 g de fromage frais, fouetté avec 30 g de beurre mou, 75 g de sucre glace et 2 ou 3 gouttes de jus de betterave.

La box au blé noir

De la « farine du pauvre », on ne fait pas que des galettes bretonnes… La preuve en un petit menu aux saveurs de l'Ouest.

Entrée : cubes de polenta à la breizh'
Plat : tagliatelles de crêpes au blé noir à la crème de champignon
Dessert : far aux pruneaux de ma belle-mère

Cubes de polenta à la breizh'

Par ici, on l'appelle « groux ». C'est de la bouillie de blé noir à manger à la petite cuillère ou à faire poêler le lendemain comme des cubes de polenta.

Pour 2 portions
150 g de farine de blé noir – 30 cl d'eau – 1 c. à s. de lait – beurre – sel, poivre.

1. Placez la farine dans une casserole. Ajoutez l'eau et le lait, salez, poivrez et faites cuire à feu doux sans cesser de remuer pendant 10 minutes. Ajoutez une grosse noix de beurre hors du feu. Laissez reposer une nuit au réfrigérateur.
2. Coupez des cubes de polenta de blé noir. Faites dorer chaque face pendant 2 minutes dans une poêle légèrement beurrée.

Le petit plus de la paresseuse
Se laissent volontiers consommer avec quelques oignons émincés revenus dans le beurre et déglacés au cidre.

Tagliatelles de crêpes au blé noir à la crème de champignon

Une autre manière de manger les galettes du pays bigouden.

Pour 4 portions
300 g de farine de blé noir – 1 c. à c. de sel – 75 cl d'eau – 1 œuf – 1 grosse poignée de champignons de Paris – 1 oignon – 20 cl de crème – beurre – poivre.

1. Formez un puits au milieu de la farine. Incorporez l'eau, le sel et l'œuf. Amalgamez.
2. Faites cuire des crêpes épaisses 1 minute de chaque côté dans une poêle chaude beurrée. Laissez refroidir avant de couper en tagliatelles aux ciseaux.
3. Épluchez et émincez finement l'oignon. Rincez et émincez les champignons. Faites-les revenir ensemble dans une poêle chaude légèrement beurrée. Incorporez la crème et faites épaissir 5 minutes. Ajoutez les tagliatelles de blé noir et remuez pour les enrober de sauce.

Le petit plus de la paresseuse

Vous pouvez aussi la jouer à la carbonara, avec de la crème, des lardons, du fromage et, pour finir, juste au moment de servir, un beau jaune d'œuf frais.

Far aux pruneaux de ma belle-mère

Quand j'ai rencontré mon mari, au prénom indéniablement breton (non, ce n'est pas Yvon), ma copine Élodie m'a dit : « Haha ! À tous les coups, tu vas partir vivre à Quimperlé et manger tous les dimanches du far aux pruneaux. » Elle est gavante, ma meilleure amie, à avoir souvent raison…

Pour 1 far à partager
250 g de farine de blé noir – 250 g de beurre salé – 1,5 l de lait – 3 œufs – 50 g de sucre – 3 poignées de pruneaux dénoyautés.

1. Préchauffez le four à 180 °C (th. 6).

2. Faites chauffer le lait et le beurre. Hors du feu, incorporez la farine, les œufs et le sucre. Remettez à chauffer à feu doux pendant 10 minutes, sans cesser de remuer. Ajoutez les pruneaux.

3. Versez dans un moule à gâteau et enfournez 30 minutes.

Le petit plus de la paresseuse

Ajoutez quelques raisins secs, c'est encore meilleur.

5 astuces pour lunch-boxer économique sans passer par le hard-discount

1. Ne confondez pas bon marché et médiocrité.

Non ! Les produits des supermarchés hard-discount ne sont pas si bon marché qu'on le dit. Gorgés d'eau et de sel, ils coûtent en réalité un bras si on rapporte leur prix à la quantité réelle de vraie marchandise qu'ils contiennent. Pour lunch-boxer vraiment bon marché sans vous faire arnaquer, comptez sur les produits de saison et les valeurs sûres (pommes de terre, légumineuses, œufs…).

2. Ne laissez rien périmer.

Ne jetez plus ! Dès qu'un yaourt approche de la date de péremption (voire la dépasse de quelques jours), transformez-le en cake salé ou en gâteau sucré à aromatiser selon vos envies. Vérifiez qu'un œuf est encore bon en le plongeant dans l'eau bouillante : s'il reste au fond, faites-le cuire 12 minutes pour l'incorporer à une salade ou un sandwich. Mais s'il flotte, c'est poubelle direct ! Les poivrons sont fripés ? Faites-les griller ! Les tomates sont un peu molles ? Elles ne demandent qu'à finir en sauce. Les pommes de terre font la tête ? Il n'y a pas mieux qu'une pomme de terre un peu « vieille » pour faire des gnocchis…

3. Cuisinez en quantité.

Profitez des offres promotionnelles pour acheter fruizélégumes, viandes et poissons en quantité. Préparez vos petits plats et congelez-les. Une fois lunch-boxés, ils auront la matinée de boulot pour dégeler tranquillou dans le frigo de l'étage avant de faire un bref séjour au micro-ondes. Pensez aussi à avoir toujours dans le congélo des oignons émincés, des champignons de Paris, des herbes ciselées. Ils vous seront d'un grand secours pour donner de la saveur à vos mets, même hors saison.

4. Lunch-boxez les restes.

Prenez pour principe général de la lunch box qu'elle est aussi là pour écouler les restes du dîner de la veille. Nettoyez-moi ce poulet rôti qui a encore plein de chair accrochée à la carcasse une fois les blancs levés ! Recyclez-moi ce plat de pâtes en salade citronnée ! Revisitez-moi cette pièce de bœuf en boulettes ! Fourrez vos sandwichs, vos cakes et vos quiches avec tout ce qui finit d'ordinaire en petit bol couvert de film alimentaire au réfrigérateur en attendant d'être oublié.

5. Jouez les pique-assiettes.

Vous avez oublié le pain ? Chipez-en dans la corbeille de la table d'à côté au bistrot où vous êtes prétendument juste descendue prendre un café. Embarquez les sachets de sucre, de sel, de moutarde, de ketchup, de mayo dans les selfs, les wagons-restaurants et les fast-foods. Chouravez les petites bouteilles d'eau abandonnées dans la salle de réunion après le meeting de 10 heures. Récupérez les petites viennoiseries négligées au petit déjeuner par les convives du salon VIP…

9

Comment boxer dans la catégorie *arty* avec une gamelle cultivée

10 menus pour pique-niquer au musée ou au ciné

Ah ! Ils disent vivre d'art, d'amour et d'eau fraîche. Pourtant, nombreux sont les artistes à avoir mis en scène la nourriture dans leurs œuvres. Petites variations autour de quelques tableaux, films et livres cultes de fines gueules qui font bonne chère.

La pop box de Warhol

Pas de morceaux de Marilyn revenue aux petits oignons dans cette box, mais quelques ingrédients cultes croqués en série par le pape du pop art.

Entrée : tomato gaspacho à l'américaine
Plat : poulet à la banane
Dessert : pop-corn au caramel

Tomato gaspacho à l'américaine

La série *Tomato soup* de Warhol a fait le tour du monde... Choquant à son époque (Quoooiii ? La publicité aurait-elle des liens de cousinage avec l'art ! Non, mais quelle horreuuur !), c'est aujourd'hui le symbole même de la réappropriation de l'univers quotidien par l'artiste. Revisitons la *tomato soup* à la façon d'un gaspacho à l'américaine.

Pour 4 portions

1 boîte de tomates concassées – ½ concombre – 1 oignon – 1 gousse d'ail – 2 c. à s. de ketchup – 1 c. à s. de vinaigre – 2 c. à s. d'huile d'olive – 1 c. à c. de sucre – 3 gouttes de Tabasco – sel, poivre.

1. Pelez, coupez et épépinez le concombre. Épluchez et dégermez l'ail. Mixez avec les tomates, le ketchup, le vinaigre, le sucre, le sel et le Tabasco.

2. Épluchez et hachez l'oignon. Ajoutez-le au gaspacho avec l'huile d'olive. Rectifiez l'assaisonnement.

Le petit plus de la paresseuse

Pour embarquer votre gaspacho sans en verser dans votre sac à main, adoptez le mug hermétique des vrais Américains.

Poulet à la banane

Expressément dessinée pour les Velvet Underground, la banane de Warhol se met en rondelles pour un petit plat de poulet à la surprenante saveur aigre-douce.

Pour 2 portions

2 blancs de poulet – 1 banane – 1 oignon – 1 gousse d'ail – 20 cl de lait de coco – ½ citron vert – 1 pointe de couteau de purée de piments – sel, poivre.

1. Essuyez et coupez les blancs de poulet en petits dés.

2. Épluchez et émincez finement l'oignon. Faites revenir avec le poulet dans une poêle chaude légèrement huilée. Déglacez avec le jus de citron vert et couvrez de lait de coco.

3. Ajoutez l'ail pressé et le piment. Rectifiez l'assaisonnement et poursuivez la cuisson à feu doux 5 minutes.
4. Ajoutez la banane épluchée et coupée en rondelles, et remuez pour enrober de sauce.

Le petit plus de la paresseuse
Avec une petite portion de riz basmati pour vivre pleinement l'aventure exotique.

Pop-corn au caramel

On est pop ou on ne l'est pas.

Pour 1 grand seau de pop-corn à partager
50 g de maïs à éclater – 2 c. à s. d'huile de friture – 2 c. à s. d'huile de tournesol – 3 c. à s. de sucre.

1. Faites éclater le maïs dans un fond d'huile de friture chaude à couvert.
2. Dans un wok, faites chauffer l'huile de tournesol. Ajoutez le sucre. Dès que le mélange commence à blondir, jetez le pop-corn et remuez pour enrober les grains.

Le petit plus de la paresseuse
La flemme d'en passer par la case caramel ! Saupoudrez seulement votre pop-corn de sucre roux quand il est encore chaud !

La milk box de Vermeer

Comment ça, vous ne voyez pas qui est ce peintre flamand au nom pour une fois prononçable ? Un petit effort, vous avez forcément vu quelque part sa laitière vêtue de jaune et de bleu… Ne vous jetez pas sur les produits laitiers tout faits, mais concoctez-vous une vraie box au calcium et à la culture picturale de renom !

Entrée : tartare de saumon au lait de coco
Plat : porc au lait
Dessert : confiture de lait

Tartare de saumon au lait de coco

Avec le lait de soja, le lait de coco, c'est l'autre lait… Plus crémeux, plus doux, parfait pour assaisonner les entrées inspirées d'ailleurs.

Pour 2 portions
1 pavé de saumon sans la peau – 1 tomate – 1 oignon rouge – ½ avocat – 1 pouce de gingembre – 10 cl de lait de coco – 1 pointe de couteau de purée de piments – 1 citron vert – sel, poivre.

1. Placez le saumon au freezer pendant 15 minutes avant de le couper en tout petits dés. Faites mariner dans le lait de coco avec le piment, le citron vert et le gingembre râpé.
2. Pelez l'avocat et détaillez-le en petits dés.
3. Plongez la tomate dans l'eau bouillante pour la peler et la concasser. Épluchez et hachez finement l'oignon.
4. Égouttez le saumon et mélangez-le avec l'avocat, la tomate et l'oignon. Rectifiez l'assaisonnement.

Le petit plus de la paresseuse
Tentez la même recette avec de la dorade ou de la vieille (le poisson, hein, pas la voisine !).

Porc au lait

Plus tendre et câlin que le cochon qui nage dans le lait, ça va être difficile.

Pour 2 portions
½ filet de porc – 50 cl de lait – 2 pommes de terre – 1 poireau – 1 oignon – 1 carotte – 1 bouquet garni – sel, poivre.

1. Détaillez le filet de porc en émincés. Faites tremper dans le lait avec le bouquet garni, le sel et le poivre.
2. Épluchez et émincez finement l'oignon. Lavez et émincez le blanc de poireau. Faites-les revenir ensemble dans une poêle chaude légèrement huilée.
3. Lavez et pelez les carottes et les pommes de terre. Coupez-les en fines rondelles et ajoutez-les dans la poêle.
4. Égouttez les morceaux de filet de porc et faites-les sauter avec les légumes. Couvrez avec le lait et laissez cuire à couvert pendant 30 minutes.

Le petit plus de la paresseuse
Ajoutez une petite pincée de curry pour relever gentiment cette recette toute tendre.

Confiture de lait

À tartiner sur des biscuits ou à sucer à même le doigt, la pâte à tartiner ultra-facile de notre enfance demande de très hautes compétences culinaires… Si, si, vous allez voir.

Pour 1 pot
1 boîte de lait concentré sucré.

1. N'ouvrez pas la boîte, ce geste serait trop technique. Placez-la encore fermée dans une casserole d'eau. Faites chauffer pendant 2 heures.
2. Attendez que la boîte ait refroidi avant d'ouvrir. Remuez pour harmoniser la consistance de la confiture de lait.

Le petit plus de la paresseuse
Faites-vous un petit sandwich nantais. Entre deux petits-beurre, glissez 1 grosse c. à s. de confiture de lait.

La box tutti-frutti d'Arcimboldo

Mais si, vous savez bien, c'est l'Italien qui figurait des bonshommes en fruizélégumes à Milan au XVIe siècle. Comme un hommage à cet artiste-primeur, une box tout fruits…

Entrée : fruits de mer aux fruits de terre
Plat : escalope de veau à l'orange
Dessert : mousse de mangue

Fruits de mer aux fruits de terre

Une petite salade fraîche pour faire le plein de vitamines fruitées et de bons minéraux océaniques.

Pour 2 portions
200 g de crevettes décortiquées – ½ melon – 2 tranches d'ananas – 1 kiwi – 1 pouce de gingembre – 1 c. à c. de sauce soja – 1 c. à s. d'huile d'olive – sel, poivre.

1. Pelez l'écorce du melon et taillez la chair en dés. Coupez les tranches d'ananas en petits quartiers. Pelez et coupez le kiwi en rondelles. Râpez le gingembre. Mélangez le tout avec les crevettes.
2. Salez, poivrez, arrosez de sauce soja et d'huile d'olive.

Le petit plus de la paresseuse
La même recette marche aussi avec du saumon ou de la dorade coupés au couteau en tartare.

Escalope de veau à l'orange

De la tendresse, de la douceur… et un peu d'acidité quand même pour le panache !

Pour 2 portions
2 escalopes de veau – 1 orange – 1 c. à s. de Maïzena – 20 g de beurre – sel, poivre.

1. Brossez, zestez et pressez l'orange.

2. Saisissez les escalopes 1 minute de chaque côté avec le beurre. Saupoudrez de Maïzena. Déglacez avec le jus d'orange. Ajoutez les zestes.

3. Laissez mijoter 5 minutes.

Le petit plus de la paresseuse

Vous pouvez remplacer la Maïzena par une cuillerée de fond de veau lyophilisé.

Mousse de mangue

Le fruit le plus fruit de tous se met en mousse pour vous tirer de grands mmmh, c'est bon !

Pour 2 petits pots

1 mangue – ½ citron vert – 1 feuille de gélatine – 2 blancs d'œufs – 1 c. à s. de sucre.

1. Faites ramollir la gélatine dans un bol d'eau froide.

2. Épluchez, dénoyautez et coupez la chair de la mangue en gros dés. Arrosez du jus du citron vert et saupoudrez de sucre. Mixez finement avec la gélatine.

3. Montez les blancs en neige ferme et incorporez délicatement.

Le petit plus de la paresseuse

Une larme de cointreau ajoutée en même temps que le jus de citron flatte la saveur exquise de la mangue… Elle en rougit, la coquine !

La box nostalgique de Proust

Pas besoin de vous lever de bonne heure pour cette box bonheur : tout peut se préparer la veille.

Entrée : salade de Combray
Plat : croques-Marcel
Dessert : madeleines au thé

Salade de Combray

Le village imaginaire de Proust est le lieu de tous les délices de l'enfance et de toutes les denrées magnifiques qui poussent dans la *Recherche*. Nous lui avons inventé une salade…

Pour 2 portions
100 g de blettes – 3 feuilles de laitue – 1 poire – 2 œufs – 1 tomate – ¼ de feuille de Dreux (ou de fromage à pâte molle) – 1 c. à s. de vinaigre – 2 c. à s. d'huile d'olive – sel, poivre.

1. Lavez les blettes. Parez-les en gardant les jeunes feuilles. Effilez les côtes et coupez-les en tronçons de 2 cm. Faites cuire les côtes de blettes 10 minutes à la vapeur.
2. Ébouillantez la tomate pour la peler. Concassez-la. Lavez, essorez et ciselez la laitue. Coupez le fromage en dés.
3. Faites cuire les œufs dans l'eau bouillante pendant 8 minutes. Passez-les sous l'eau froide pour stopper la cuisson et écalez-les délicatement. Laissez refroidir et tranchez-les en rondelles.
4. Pelez la poire, coupez-la en quartiers et épépinez-les. Détaillez en dés.

5. Mélangez les blettes et les jeunes pousses de blettes avec les autres ingrédients, salez, poivrez et arrosez de vinaigre et d'huile d'olive.

Le petit plus de la paresseuse
Pour une saveur encore plus proustienne, préparez une vinaigrette au thé en émulsionnant 1 c. à c. de moutarde avec ½ c. à c. de matcha, 1 c. à s. de jus de citron et 2 c. à s. d'huile d'olive.

Croques-Marcel

Qui l'eût cru ? Marcel le gourmet, dit-il dans *À l'ombre des jeunes filles en fleurs*, croquait des croques en sortant du concert. Son kebab à lui, en somme.

Pour 2 croques-Marcel
4 tranches de pain de mie – 2 jaunes d'œufs – 2 tranches de jambon cru – 1 c. à s. de crème fraîche – 50 g de gruyère râpé – beurre – sel, poivre.

1. Passez 2 tranches de pain de mie au grille-pain pour les faire légèrement durcir. Saupoudrez de fromage et déposez un jaune d'œuf au centre de chacune. Ajoutez un peu de crème fraîche, salez, poivrez. Couvrez d'une tranche de jambon cru. Parsemez de fromage râpé et refermez le croque.
2. Faites dorer à la poêle avec un peu de beurre 2 minutes de chaque côté.

Le petit plus de la paresseuse
Ajoutez quelques champignons de Paris émincés pour un vrai croque-titi.

Madeleines au thé

Incontournable, évidemment, dans la cuisine proustienne.

Pour 1 dizaine de madeleines
70 g de sucre – 100 g de farine – 1 œuf + 1 jaune d'œuf – 50 g de beurre fondu – ½ c. à c. de matcha (thé vert en poudre) – ½ sachet de levure chimique – 1 c. à s. de lait.

1. Fouettez les œufs et le sucre jusqu'à ce que le mélange blanchisse.
2. Ajoutez le beurre fondu, le lait et le matcha. Incorporez la farine et la levure. Laissez reposer.
3. Préchauffez le four à 240 °C (th. 8).
4. Répartissez la pâte dans les alvéoles beurrées d'un moule à madeleines.
5. Enfournez 5 minutes, puis baissez le four à 180 °C (th. 6) et poursuivez la cuisson 8 minutes.

Le petit plus de la paresseuse
À tremper dans une *cup of tea, of course.*

La box stupéfiante de Baudelaire

Des saveurs hallucinantes sans risque d'être contrôlée positive par la maréchaussée.

Entrée : sticks au pavot
Plat : salade bohémienne
Dessert : gâteau de pain

Sticks au pavot

Des petits amuse-gueules qui n'ont pas que de la gueule. Garantis sans gueule de bois.

Pour une dizaine de sticks
90 g de farine – 50 g de beurre très froid – 1 jaune d'œuf – 2 c. à s. de parmesan râpé – 1 c. à c. de graines de pavot – sel, poivre.

1. Préchauffez le four à 180 °C (th. 6).
2. Mélangez tous les ingrédients en travaillant du bout des doigts pour obtenir une pâte sablée. Formez une boule.
3. Abaissez la pâte sur 3 cm d'épaisseur et coupez des bâtonnets de 2 × 10 cm.
4. Disposez sur une plaque à biscuits couverte de papier sulfurisé et enfournez 25 minutes.

Le petit plus de la paresseuse

Vous pouvez remplacer le parmesan par de la vieille mimolette. Et les graines de pavot par des graines de sésame.

Salade bohémienne

De la fascination de Baudelaire pour les tribus nomades, nous avons tiré l'idée d'une salade.

Pour 2 portions
4 feuilles de laitue – 4 tranches de viande séchée – 1 tomate – 1 poivron rouge – 1 oignon – 1 c. à c. de câpres – 1 dizaine d'olives noires – 1 c. à c. de moutarde – 10 cl de vin blanc – ½ citron – 2 c. à s. d'huile d'olive – sel, poivre.

1. Rincez, essorez et ciselez la laitue. Ébouillantez la tomate pour la peler. Concassez-la.
2. Épluchez et hachez finement l'oignon. Rincez, séchez, coupez, épépinez et coupez le poivron en lamelles. Dénoyautez les olives.
3. Mélangez la salade, la tomate, le poivron, l'oignon et les olives avec les câpres et la viande séchée.
4. Préparez une vinaigrette en émulsionnant la moutarde avec le vin blanc, le vinaigre et l'huile d'olive.

Le petit plus de la paresseuse
Pas de viande séchée sous le coude ? Une tranche de jambon cru fera l'affaire.

Gâteau de pain

C'est l'un des plus beaux poèmes en prose de Baudelaire : il y raconte comment un petit vagabond croisé lors d'une promenade prend sa miche de pain pour un appétissant gâteau. Voici la recette que ce texte m'a inspirée.

Pour 1 gâteau à partager
6 tranches de pain rassis – 2 œufs – 1 pomme – une dizaine de pruneaux – 1 l de lait – 2 c. à s. de sucre.

1. Préchauffez le four à 200 °C (th. 6-7).
2. Émiettez grossièrement le pain. Pelez, épépinez et coupez la pomme en petits dés.
3. Mélangez le sucre et le lait. Portez à ébullition. Ajoutez les pruneaux. Laissez refroidir puis incorporez les œufs. Ajoutez le pain et les dés de pomme.
4. Versez dans un moule à gâteau et enfournez 30 minutes.

Le petit plus de la paresseuse
En toute fin de cuisson, positionnez le thermostat du four en mode gril. Saupoudrez de sucre et faites caraméliser 3 minutes.

La box enivrante de Verlaine et Rimbaud

Un bateau ivre, des poèmes consacrés à l'alcool… Et une box réservée aux plus de 18 ans !

Entrée : salade de fenouil au pastis
Plat : magret au vin
Dessert : moelleux au whisky

Salade de fenouil au pastis

Quand deux saveurs anisées se retrouvent, de quoi parlent-elles ? De l'heure verte et du temps de l'absinthe…

Pour 2 portions
1 gros bulbe de fenouil – 2 tomates – 1 bouquet garni – 1 oignon – 1 gousse d'ail – 10 cl de pastis – 1 c. à s. de vinaigre – 1 c. à s. d'huile d'olive – sel, poivre.

1. Épluchez et émincez l'oignon. Épluchez, dégermez et hachez l'ail.
2. Coupez la racine du fenouil. Lavez et ciselez les feuilles. Coupez les écorces de fenouil en lamelles.
3. Faites revenir l'oignon dans une poêle légèrement huilée. Ajoutez les écorces de fenouil. Déglacez au pastis et ajoutez les tomates, l'ail et le bouquet garni. Salez, poivrez. Faites mijoter à feu doux pendant 30 minutes. Laissez refroidir.
4. Arrosez de vinaigre et d'huile d'olive et décorez avec les feuilles de fenouil ciselées.

Le petit plus de la paresseuse
Vous pouvez ajouter quelques morceaux de fenouil cru pour faire craquer la salade et marier les textures.

Magret au vin

Comme à la taverne ou les deux poètes se retrouvaient, écrivaient, s'aimaient, se disputaient…

Pour 2 portions

1 magret de canard – 2 échalotes – 15 cl de vin rouge – 10 cl de crème – beurre – sel, poivre.

1. Coupez le magret en tranches de 1 cm d'épaisseur. Saisissez-les 1 minute de chaque côté dans une poêle chaude légèrement huilée. Réservez.

2. Épluchez et hachez les échalotes. Faites-les revenir dans la même poêle avec une noix de beurre. Déglacez au vin rouge et ajoutez la crème. Laissez mijoter 5 minutes à feu doux. Ajoutez les tranches de magret et poursuivez la cuisson 2 minutes.

Le petit plus de la paresseuse

Faites cuire à l'avance quelques tagliatelles et micro-ondez le tout au dernier moment pendant 1 minute 30 à pleine puissance.

Moelleux au whisky

Une recette pas si poivrotte (l'alcool s'évapore), mais totalement pub dans l'âme.

Pour 1 gâteau à partager

125 g de farine – 125 g d'amandes en poudre – 125 g de beurre mou – 125 g de cassonade – 3 œufs – ½ sachet de levure chimique – 5 cl de whisky – 10 cl de crème.

1. Préchauffez le four à 180 °C (th. 6).

2. Fouettez le beurre mou avec le sucre jusqu'à ce que le mélange blanchisse. Incorporez les œufs, puis la farine et la levure. Mélangez et ajoutez la crème et le whisky.

3. Versez dans un moule à cake et enfournez 25 minutes.

Le petit plus de la paresseuse

Tentez aussi le moelleux au rhum (avec des raisins secs), le moelleux au cognac (avec des pruneaux), le moelleux au cointreau (avec des zestes d'orange)…

La box sur l'herbe de Manet

On tomberait bien le tailleur pour aller déjeuner à poil sous un arbre entre midi et deux. Pour ce qui est de la tenue, c'est vous qui voyez. Pour ce qui est du menu, voici ce qu'on a trouvé dans les petits paniers de Manet.

Entrée : salade impressionniste
Plat : sandwichs au fromage et aux fruits
Dessert : brioches aux pralines

Salade impressionniste

Une petite salade colorée pour démarrer le pique-nique avec Manet.

Pour 2 portions

2 œufs – 2 tomates – 1 petite courgette – 3 feuilles de salade – 50 g de feta – 1 c. à s. de vinaigre balsamique – 2 c. à s. d'huile de noisette – 1 poignée de raisins secs – sel, poivre.

1. Faites cuire les œufs dans l'eau bouillante pendant 8 minutes. Passez-les sous l'eau froide pour stopper la cuisson et écalez-les. Coupez-les en rondelles.

2. Rincez, essorez et ciselez la salade. Ébouillantez la tomate pour la peler. Concassez-la.

3. Coupez la feta en dés. Rincez et pelez la courgette, et taillez des tagliatelles à l'aide d'un économe. Concassez grossièrement les noisettes.

4. Mélangez la salade, la tomate, les tagliatelles de courgette, la feta et les œufs mollets avec les noisettes et les raisins secs. Salez, poivrez et arrosez de vinaigre et d'huile de noisette.

Le petit plus de la paresseuse

Faites parler votre imagination pour composer cette salade… Une seule règle en vigueur : de la couleur, de la couleur et encore de la couleur !

Sandwichs au fromage et aux fruits

Un petit sandwich faussement fermier et vraiment snob avec de vrais morceaux de fruits défendus à l'intérieur.

Pour 4 petits sandwichs

4 pains au lait – 2 feuilles de salade – 100 g de cream cheese *(ou de Saint-Môret) – 2 tranches de mimolette – ½ pomme – 2 figues sèches – 6 cerneaux de noix – sel, poivre.*

1. Fendez les pains au lait dans le sens de la longueur et tartinez l'intérieur de fromage frais.

2. Lavez, essorez et ciselez la salade. Pelez, épépinez et râpez la pomme. Fourrez les pains au lait avec la salade, la mimolette, la pomme, les noix et les figues. Salez, poivrez.

Le petit plus de la paresseuse

Pour une saveur plus relevée, tartinez l'intérieur des pains au lait de fromage ail et fines herbes.

Brioches aux pralines

Peut-être celles que l'on aperçoit au premier plan du *Déjeuner sur l'herbe* de Manet…

Pour 6 brioches

150 g de farine – 30 g de sucre – 10 g de levure de boulangerie – 5 cl de lait – 75 g de beurre mou – 1 œuf + 1 jaune d'œuf – 1 c. à s. d'eau de fleur d'oranger – 100 g de pralines roses – 50 g de sucre perle.

1. Délayez la levure dans le lait tiède.

2. Mélangez la farine et le sucre. Ajoutez la levure, l'eau de fleur d'oranger, l'œuf et le jaune, puis le beurre. Pétrissez. Laissez la pâte lever pendant 2 heures dans un endroit chaud.

3. Incorporez les pralines et laissez à nouveau la pâte lever pendant 30 minutes.

4. Préchauffez le four à 180 °C (th. 6).

5. Répartissez la pâte en 6 pâtons et disposez-les sur une plaque à biscuits recouverte de papier sulfurisé. Saupoudrez de sucre perle.

6. Enfournez 20 minutes.

Le petit plus de la paresseuse

Vous les préférez au chocolat ? Remplacez la fleur d'oranger par de l'extrait de vanille et les pralines par un sachet de pépites.

La box de Babette

Ce festin-là a quand même remporté un Oscar. Tapis rouge pour cette box inspirée des recettes diaboliques d'une communarde en exil.

Entrée : blinis au crabe
Plat : grande salade d'endives
Dessert : savarin

Blinis au crabe

Chez Babette, les blinis sont au caviar, à la Demidoff. On a simplement revu le budget déjoboulot un grain à la baisse…

Pour 4 blinis

50 g de pommes de terre – 60 g de farine – 75 g de fromage blanc – 5 g de levure de boulangerie – 5 cl de lait – 1 petite boîte de miettes de crabe – 2 œufs – beurre – sel, poivre.

1. Lavez, épluchez et coupez les pommes de terre en gros dés. Faites-les cuire 10 minutes dans l'eau bouillante salée. Égouttez et écrasez au presse-purée.
2. Délayez la levure dans le lait tiède.

3. Ajoutez la farine, les œufs, le fromage blanc, la levure et les miettes de crabe. Laissez reposer 1 heure.
4. Faites cuire les blinis 3 minutes de chaque côté dans une poêle chaude légèrement huilée.

Le petit plus de la paresseuse

Vous pouvez ajouter des petits dés de courgette dans la pâte. Et tartinez tout ce que vous voulez sur vos blinis : tarama, beurre demi-sel, rillettes de saumon…

Grande salade d'endives

Quand Babette fait de la salade d'endives aux noix, ça met un bazar pas croyable dans tout un village… Soyez tranquille, votre belle composée du jour ne vous vaudra pas d'ennemis au bureau.

Pour 2 portions

2 endives – 100 g de lardons – 1 poignée de cerneaux de noix – 2 portions de roquefort – 1 pomme – 1 c. à s. de vinaigre – 2 c. à s. d'huile d'olive – sel, poivre.

1. Rincez et égouttez les endives. Coupez la racine et ciselez-les.
2. Faites revenir les lardons dans une poêle chaude non graissée. Réservez sur du papier absorbant.
3. Pelez, épépinez et coupez la pomme en petits dés.
4. Mélangez les endives avec les pommes, les lardons, les cerneaux de noix et le roquefort émietté. Salez, poivrez. Arrosez de vinaigre et d'huile d'olive.

Le petit plus de la paresseuse
Si vous avez du vinaigre de noix et de l'huile de noix, c'est encore mieux.

Savarin

Ze gateau qui achève de faire passer Babette pour une vicieuse… Ze gateau qui pourrait aussi vous valoir quelques jalousies dans l'étage… Allez, voyez grand ! Cuisinez un savarin à partager avec les collègues, pour ne pas faire d'envieux !

Pour 1 savarin
150 g de farine – 50 g de sucre – 3 œufs – le zeste de 1 citron – ½ sachet de levure chimique – beurre – 1 bombe de chantilly.

1. Préchauffez le four à 210 °C (th. 7).
2. Fouettez les œufs et le sucre jusqu'à obtention d'un mélange mousseux.
3. Incorporez la farine, la levure et les zestes.
4. Versez dans un moule à savarin beurré. Enfournez 25 minutes. Laissez refroidir avant de démouler.
5. Au moment de servir, remplissez le creux du savarin de chantilly.

Le petit plus de la paresseuse
Tiens, et si vous ajoutiez quelques fraises, quelques dés de pêche ou de mangue au-dessus de la chantilly ?

La box des mousquetaires

Plus gourmet que Dumas, on ne faisait pas. Ce grand passionné de cuisine a laissé une bible de recettes simplissimes, souvent pas plus longues que trois lignes, qui sont autant d'hommages au goût des bons produits.

Entrée : fonds d'artichauts à la Dumas
Plat : boulettes de pommes de terre
Dessert : charlottes confiote

Fonds d'artichauts à la Dumas

Ce qui fait toute la différence, c'est la vinaigrette du chef.

Pour 2 portions
2 fonds d'artichauts – 1 jaune d'œuf – 1 échalote – 1 c. à c. de moutarde – le jus de ½ citron – 3 c. à s. d'huile – 4 brins de ciboulette – sel, poivre.

1. Épluchez et hachez l'échalote. Garnissez-en les fonds d'artichauts.
2. Préparez une vinaigrette à la Dumas en émulsionnant la moutarde, le jaune d'œuf et le jus de citron avec l'huile. Salez et poivrez. Assaisonnez les fonds d'artichauts et parsemez de ciboulette ciselée.

Le petit plus de la paresseuse
Ajoutez une grosse framboise fraîche au milieu de vos fonds d'artichauts. Ce n'est pas une idée de Dumas, mais quand même, ça déménage.

Boulettes de pommes de terre

Dumas trouvait la patate trop lourdingue… Il eut l'idée de la faire souffler et de la cuire à la dauphine.

Pour 2 portions
3 pommes de terre – 2 œufs – 5 cl de lait – farine – beurre – sel, poivre.

1. Épluchez et coupez les pommes de terre en gros dés. Faites-les cuire dans l'eau bouillante salée pendant 10 minutes.
2. Séparez les jaunes d'œufs des blancs.
3. Pressez les pommes de terre avec le lait. Incorporez les jaunes. Salez, poivrez.
4. Battez les blancs en neige et incorporez-les délicatement à la préparation.
5. Formez des boulettes, farinez-les et faites-les dorer dans une poêle chaude légèrement beurrée.

Le petit plus de la paresseuse
Dégustez vos boulettes froides, trempées dans du fromage blanc salé et poivré, ou micro-ondez-les 1 minute à pleine puissance.

Charlottes confiote

Dans le genre pâtisserie express, la charlotte à la Dumas ne s'en fait pas… Au moins, ça décomplexe.

Pour 2 mini-charlottes

une vingtaine de biscuits de Reims – 2 c. à s. de sirop de rose – ½ pot de confiture de framboises.

1. Tapissez le fond et les bords de deux ramequins de biscuits de Reims émiettés et mouillés de sirop de rose.
2. Couvrez de confiture. Ajoutez une couche de biscuits, puis une nouvelle couche de confiture.

Le petit plus de la paresseuse
Trop sucrée, la charlotte express du patron ? Remplacez la confiture par de la compote pommes-framboises.

La box des contes de fées

Qu'est-ce qu'on boulotte, dans les histoires féeriques de notre enfance… Et pas que des pommes empoisonnées. Petit retour dans les contes d'amour en trois recettes pour rêver.

Entrée : salade Princesse aux petits pois
Plat : poulet Boucle d'or
Dessert : gâteau Peau d'Âne

Salade Princesse aux petits pois

Ne faites pas votre chochotte, avec les petits pois ! Frais, il n'y a pas plus craquants que ces petits grains-là.

Pour 2 portions

200 g de petits pois frais écossés – 1 échalote – 100 g de lardons – 3 brins de ciboulette – 1 crottin de chèvre – 1 c. à s. de vinaigre – 2 c. à s. d'huile d'olive – sel, poivre.

1. Faites blanchir les petits pois 2 minutes dans l'eau bouillante salée. Égouttez.

2. Épluchez et hachez finement l'échalote.

3. Faites revenir les lardons dans une poêle chaude non graissée. Réservez sur du papier absorbant.

4. Rincez et ciselez la ciboulette. Mélangez avec les petits pois, les lardons et l'échalote. Émiettez le crottin de chèvre, salez, poivrez et arrosez de vinaigre et d'huile.

Le petit plus de la paresseuse

Jouez les associations qui marchent à tous les coups : râpez une petite carotte.

Poulet Boucle d'or

Une gamelle au miel à partager avec tous les ours bien léchés du bureau.

Pour 2 portions

2 blancs de poulet – 2 c. à s. de miel – 1 citron – sel, poivre.

1. Essuyez et émincez les blancs de poulet.

2. Saisissez-les dans une poêle chaude légèrement huilée 2 minutes de chaque côté. Déglacez au jus de citron et ajoutez le miel. Poursuivez la cuisson 2 minutes.

Le petit plus de la paresseuse

Pour accompagner, cuisinez-vous une petite portion de semoule fine aux raisins secs.

Gâteau Peau d'Âne

Le classique des classiques de la cuisine des contes. Oubliez le mythe et enfilez le tablier !

Pour 1 cake d'amour à partager

180 g de farine – 4 œufs – 20 cl de crème – 100 g de sucre – 70 g de beurre – ½ sachet de levure chimique – 1 c. à c. de miel.

1. Préchauffez le four à 180 °C (th. 6).

2. Mélangez la farine et la levure. Formez un puits. Cassez-y les œufs. Ajoutez la crème, le sucre, le miel et le beurre fondu. Mélangez soigneusement.

3. Versez dans un moule à cake beurré et enfournez 45 minutes (et non 1 heure comme dans la chanson).

Le petit plus de la paresseuse

Si, comme Peau d'Âne, vous glissez une bague dans la pâte avant de la faire cuire, n'allez pas vous étonner qu'en tombant dessus, Roger du service courrier se fasse des idées…

5 idées pour devenir une véritable artiste de la lunch box

1. Jouez le thème à fond.

Vous vous êtes cuisiné une lunch box de peintre ? Allez la déguster dans les jardins du musée. Une lunch box ciné ? Filez grignoter dans une salle obscure devant une bonne toile. Une box de contes de fées ? Mettez votre plus jolie robe ce jour-là…

2. Laissez-vous inspirer.

Ne ratez plus une seule allusion à la nourriture, à la gourmandise et à la boisson dans tout ce que vous lisez, regardez, écoutez. Et laissez parler votre imaginaire culinaire pour digresser sans limite autour des « Petits gâteaux » chantés par Barbara, du « Banana split » de Lio, des chocolateries de Tim Burton ou des aventures du petit rat du dessin animé *Ratatouille*…

3. Enjolivez vos petits plats.

Devenez une véritable artiste du goût et des couleurs. Faites en sorte que vos petits plats soient aussi beaux que bons. Des petites herbes folles, des baies roses, des épices aux teintes chatoyantes (curry, paprika, safran) sur vos salades et mijotés. Une goutte de colorant naturel dans l'appareil de vos madeleines, biscuits et autres muffins, et des vermicelles en sucre et autres fleurs cristallisées pour décorer…

4. Poétisez vos recettes.

De façon générale, prenez l'habitude de noter vos inspirations, improvisations et variations dans un joli petit carnet de recettes personnalisées. Et pourquoi ne pas en faire une petite œuvre d'art à part entière ? À la manière de Jacques Demy mettant en chanson les étapes du gâteau de Peau d'Âne, écrivez vos recettes en vers, sous la forme de nouvelles ou de saynètes…

5. Cuisinez en musique !

Ne voyez plus la cuisine comme une pièce seulement fonctionnelle où l'on se contente de préparer ce qui sera consommé ailleurs. Faites-en un authentique espace de vie et de création. Branchez le poste et écoutez de la musique : Bach comme Supertramp, Eminem comme Madonna, Thomas Fersen comme Brel aiment jouer en cœur avec le concert de tout ce qui frétille, mijote, fricasse ou grésille…

10

Comment allumer le feu à l'heure du déjeuner avec une sexy box

10 menus pour réunion prétexte

Oui, oui, on connaît le principe : no zob in the job ! N'empêche, la majorité des personnes rencontrent leur conjoint dans le milieu professionnel. Certains principes semblent faits pour être enfreints (avec le consentement de toutes les parties, ça va de soi !). Un petit regard dans l'ascenseur, un petit sourire à la photocopieuse, un café à la machine… Et un jour, hop, vous osez : vous l'invitez à déjeuner. Et si, au lieu de l'embarquer à la cafèt où toute la boîte aura loisir de jaser, vous lui proposiez un meeting intime dans la salle de réu avec une lunch box à partager ?

La ginger box

Pimentez les relations avec les collègues…

Entrée : roulés de truite au gingembre
Plat : agneau korma
Dessert : gingembre confit

Roulés de truite au gingembre

Petits amuse-bouches pour lèvres pas farouches.

Pour 4 roulés
2 tranches de truite fumée – 8 jeunes pousses d'épinards – 1 Carré Frais – ½ citron vert – 1 avocat – 1 pouce de gingembre – sel, poivre.

1. Pelez et pressez le gingembre. Épluchez, dénoyautez et écrasez la chair d'avocat à la fourchette. Mélangez avec le Carré Frais, le jus du citron vert et le gingembre. Salez, poivrez. Rincez et essorez les jeunes pousses d'épinards.

2. Coupez les tranches de truite dans le sens de la longueur. Tartinez de crème à l'avocat. Ajoutez 2 pousses d'épinards. Roulez et piquez avec un cure-dent.

Le petit plus de la paresseuse

Ça marche aussi évidemment avec du saumon ou de l'espadon fumé.

Agneau korma

Un grand classique de la cuisine indienne pour faire voyager les sens et donner des idées de séjour lointain à deux…

Pour 2 portions

300 g de gigot d'agneau désossé – 1 yaourt – 1 pouce de gingembre – 1 oignon – 2 gousses d'ail – 50 g de beurre – 1 c. à c. de cumin en poudre – 2 capsules de cardamome – ½ c. à c. de cannelle en poudre – ½ c. à c. de garam masala – 1 pointe de couteau de purée de piments – sel, poivre.

1. Coupez la viande en gros dés.

2. Épluchez et émincez finement l'oignon. Épluchez et pressez l'ail. Mélangez avec le yaourt, salez, poivrez et ajoutez le gingembre pelé et râpé, le cumin, la cannelle, le garam masala, la cardamome et le piment. Faites revenir avec le poulet dans une poêle chaude légèrement huilée. Déglacez avec le jus de citron vert et couvrez de lait de coco. Faites mariner la viande pendant 30 minutes.

3. Clarifiez le beurre en le faisant fondre à feu doux pour filtrer le petit lait.

4. Faites sauter les morceaux de viande avec le beurre clarifié dans une casserole à fond épais. Filtrez la marinade et ajoutez-la. Couvrez d'eau et laissez mijoter 1 heure 15.

Le petit plus de la paresseuse

Préparez un riz aux lentilles pour accompagner ce petit plat : faites cuire 11 minutes une poignée de riz parfumé dans une casserole d'eau bouillante. Démarrez la cuisson à froid d'un verre de lentilles vertes avec trois verres d'eau et poursuivez la cuisson à petit feu pendant 20 minutes. Mélangez le riz et les lentilles.

Gingembre confit

Comme au resto chinois, pour finir le repas avec l'haleine fraîche et changer du petit chocolat avec le café.

Pour 2 personnes

125 g de gingembre frais – 200 g de sucre – 100 g de sucre cristal.

1. Pelez et émincez finement le gingembre. Placez-le dans un bol d'eau froide pendant 1 heure.

2. Mettez le gingembre dans une petite casserole, saupoudrez de sucre et couvrez d'eau. Portez à ébullition et poursuivez la cuisson 5 minutes.

3. Laissez reposer une nuit. Portez de nouveau à ébullition et poursuivez la cuisson 10 minutes. Laissez refroidir et prélevez les tranches de gingembre. Laissez reposer 5 heures au frais.
4. Faites bouillir le sirop de sucre pour le faire épaissir. Placez les tranches de gingembre sur une grille (avec une feuille de papier sulfurisé en dessous) et arrosez de sirop bouillant. Saupoudrez immédiatement de sucre cristal.

Le petit plus de la paresseuse
Selon que vous voulez un gingembre confit plus ou moins épicé, renouvelez la deuxième étape deux, trois ou quatre fois… Plus ça barbotte dans le sirop de sucre porté à ébullition, plus c'est doux.

La cacao box

Certes, avant de ressentir les effets aphro du cacao, vous risquez la crise de foie ou de tachycardie tant il faut de chocolat pour stimuler visiblement la circulation sanguine. Néanmoins, parce qu'il est doux, coulant et croquant à la fois, le choco donne volontiers des idées coquines.

Entrée : poireaux vinaigrette au chocolat
Plat : papillotes de saumon au cacao
Dessert : cookies aux trois choco

Poireaux vinaigrette au chocolat

Non, non, je n'ai pas dit qu'il fallait tremper le poireau (oooh !). C'est vous qui avez l'entrée en matière mal tournée !

Pour 2 portions

2 gros blancs de poireaux – 2 carrés de chocolat noir – 1 c. à s. de vinaigre balsamique – 2 c. à s. d'huile d'olive – 1 c. à s. d'huile de noisette – 1 c. à s. d'eau – sel, poivre.

1. Fendez les blancs de poireaux dans le sens de la longueur. Rincez-les soigneusement. Placez-les dans un panier vapeur et faites cuire 25 minutes. Laissez refroidir.

2. Préparez la vinaigrette au chocolat : faites fondre le chocolat au bain-marie. Émulsionnez avec le vinaigre et les huiles, puis ajoutez 1 c. à s. d'eau. Rectifiez l'assaisonnement.

Le petit plus de la paresseuse

La même vinaigrette réussira très bien à toutes vos salades comportant de la viande fumée ou de la charcuterie.

Papillotes de saumon au cacao

Un épatant mariage de couleurs et de saveurs et une alliance aussi sensuelle qu'inattendue.

Pour 2 portions

2 pavés de saumon – 2 c. à s. de cacao non sucré – ½ orange – sel, poivre.

1. Préchauffez le four à 180 °C (th. 6).

2. Pressez l'orange. Roulez les pavés de saumon dans le cacao. Placez-les sur 2 feuilles de papier sulfurisé. Salez, poivrez et versez le jus d'orange. Fermez la papillote avec des agrafes.

3. Enfournez 20 minutes.

Le petit plus de la paresseuse
Pour une présentation agréable et un goût d'orange moins sucré, remplacez le jus par des rondelles d'orange.

Cookies aux trois choco

Plus choco que ces petits biscuits-là, on ne fait pas.

Pour 1 dizaine de cookies
75 g de beurre mou – 100 g de cassonade – 60 g de farine – 50 g de cacao non sucré – 1 œuf – 50 g de chocolat blanc – 50 g de chocolat noir – 50 g de chocolat au lait.

1. Préchauffez le four à 180 °C (th. 6).
2. Travaillez le beurre et la cassonade jusqu'à ce que le mélange blanchisse. Ajoutez les œufs et fouettez.
3. Versez la farine et le cacao d'un coup et amalgamez rapidement.
4. À l'aide d'un grand couteau, coupez des *chunks* (grosses pépites) des trois chocolats. Incorporez-les à la pâte.
5. Disposez de grosses noix de pâte sur une plaque à biscuits couverte de papier sulfurisé et enfournez 8 minutes.

Le petit plus de la paresseuse
Si vous voulez vraiment plaire à coup sûr, ajoutez 50 g de pépites de nougatine en même temps que les *chunks*.

La kiss box

Tous les aliments qui donnent une haleine irréprochable réunis dans une seule box spécial bisous.

Entrée : mini-cakes au persil
Plat : cabillaud orange-coco
Dessert : carpaccio de pommes à la menthe

Mini-cakes au persil

Quand il n'entre pas dans la composition du beurre d'escargots, le persil est un excellent anti-halitose. En termes moins savants, il préserve de l'haleine de fennec.

Pour 8 mini-cakes
100 g de farine – 80 g de fromage râpé – 3 œufs – 5 cl de lait – 2 c. à s. de moutarde – 1 bouquet de persil – ½ sachet de levure chimique – 3 c. à s. d'huile d'olive – sel, poivre.

1. Préchauffez le four à 160 °C (th. 5-6).
2. Rincez et ciselez finement le persil. Mélangez avec la moutarde et les œufs.
3. Incorporez la farine, la levure et le fromage râpé, l'huile et le lait.
4. Versez dans les alvéoles d'un moule à mini-cakes et enfournez 20 minutes.

Le petit plus de la paresseuse
Libre à vous d'ajouter bien sûr quelques lardons pour le goût… Même si ce n'est pas l'idéal pour le souffle frais !

Cabillaud orange-coco

Un poisson neutre, du lait de coco pour un palais au paradis et des agrumes pour rafraîchir la langue…

Pour 2 portions
2 filets de cabillaud – ½ orange pressée – 15 cl de lait de coco – 1 pointe de couteau de purée de piments – sel, poivre.

1. Saisissez les deux faces des filets de cabillaud dans une poêle chaude légèrement huilée. Salez, poivrez et déglacez au jus d'orange.
2. Délayez le piment dans le lait de coco et versez sur le poisson. Poursuivez la cuisson à feu doux 5 à 7 minutes.

Le petit plus de la paresseuse
Vous pouvez réaliser la même recette sans sortir une casserole. Placez tous les ingrédients dans un récipient passant au micro-ondes et lancez à 850 W pendant 7 minutes.

Carpaccio de pommes à la menthe

Après une cigarette, croquez dans une pomme. Après un verre d'alcool, mâchez une feuille de menthe. Avant un baiser langoureux, goûtez à ce carpaccio parfait, aussi bon au goût que doué pour neutraliser les petits relents.

Pour 2 portions
2 petites pommes acides – 1 c. à s. de cassonade – ½ orange – ½ c. à c. de cannelle en poudre – une dizaine de feuilles de menthe.

1. Pelez, épépinez et coupez la pomme en fines lamelles. Disposez dans le compartiment dessert de votre lunch box. Saupoudrez de cassonade et de cannelle et arrosez de jus d'orange.
2. Rincez et ciselez la menthe. Saupoudrez sur le carpaccio de pommes.

Le petit plus de la paresseuse
Un citron ou une clémentine pressés peuvent remplacer le jus d'orange.

La finger box

Jeux de mains, jeux de coquins ! Mangez toute une box rien qu'avec les doigts. Rien n'interdit de frôler ceux de la personne avec qui on la partage au moment de piquer dans la boîte !

Entrée : sticks aux olives
Plat : surimis surprises
Dessert : fingers maison

Sticks aux olives

Pour les apéros et les repas *finger food*… Ou pour démarrer un déjoboulot par des petits feuilletés raffinés.

Pour une dizaine de sticks
1 pâte feuilletée – 50 g de tapenade d'olives noires – 1 jaune d'œuf.

1. Préchauffez le four à 220 °C (th. 7-8).
2. Taillez la pâte feuilletée en lamelles de 2 × 8 cm (il vous faut un nombre pair de lamelles).
3. Tartinez la moitié des lamelles de tapenade. Couvrez avec l'autre moitié des lamelles. Dorez au jaune d'œuf.
4. Disposez sur une plaque à biscuits couverte de papier sulfurisé et enfournez 5 minutes. Puis baissez le four à 180 °C (th. 6) et poursuivez la cuisson 20 minutes.

Le petit plus de la paresseuse
Une recette encore plus simple ? Oubliez la tapenade. Ciselez finement des olives dénoyautées, parsemez la pâte feuilletée, saupoudrez de thym et enfournez.

Surimis surprises

Ou comment rendre ces bâtonnets un peu plus *hot* que quand ils sortent de leur gaine de plastoc.

Pour 6 surimis surprises
6 bâtons de surimis – 12 crevettes cocktail – ½ citron vert – 100 g de fromage ail et fines herbes – sel, poivre.

1. Sortez les bâtons de surimis du réfrigérateur et débarrassez-les de leur gaine de plastique. Déroulez-les délicatement.
2. Tartinez de fromage ail et fines et herbes, disposez 2 crevettes au centre de chacun et arrosez d'une goutte de citron vert. Salez, poivrez, roulez et piquez un cure-dent pour fermer.

Le petit plus de la paresseuse

Vous pouvez remplacer le fromage ail et fines herbes par du tarama.

Fingers maison

Les petites cigarettes sablées enrobées de chocolat, c'est vous qui allez les pâtisser. Sans conservateurs et sans emballage superflu. Vous, quand vous emballez, c'est autre chose que les gâteaux !

Pour une douzaine de fingers

50 g de beurre mou – 60 g de sucre – 100 g de farine – 1 jaune d'œuf – 150 g de chocolat noir pâtissier.

1. Battez le jaune d'œuf avec le sucre jusqu'à ce que le mélange blanchisse. Incorporez le beurre. Versez d'un coup la farine et le sucre. Amalgamez rapidement du bout des doigts. Laissez reposer 1 heure au frais.
2. Préchauffez le four à 180 °C (th. 6).
3. Divisez la pâte en une douzaine de pâtons. Roulez entre vos doigts pour former des boudins. Aplatissez-les légèrement sur une feuille de papier sulfurisé placée sur une plaque à biscuits.
4. Enfournez 8 minutes. Laissez refroidir.

5. Faites fondre 100 g de chocolat au bain-marie. Hors du feu, ajoutez les 50 g de chocolat restant et laissez fondre en remuant. Trempez les fingers dans le chocolat, égouttez-les et laissez-les prendre sur une grille (avec une feuille de papier sulfurisé en dessous).

Le petit plus de la paresseuse

Il va de soi qu'on enrobe ses fingers avec le chocolat de son choix, noir, blanc ou au lait. Tant qu'on respecte le principe du « tempérage » (le fait d'ajouter un tiers de chocolat non fondu au chocolat fondu), ça marche. Et la règle vaut pour tous les chocolats de couverture.

La tender box

Cook me tender, cook me true… Toute une box tendre et fondante, moelleuse et caressante…

Entrée : tendres galettes de courgette
Plat : cœurs coulants au fromage et au miel
Dessert : fondants au citron

Tendres galettes de courgette

La courgette n'a pas besoin de se présenter entière, charnue et centimétrée pour provoquer des envies câlines…

Pour 4 galettes

1 courgette – 2 œufs – 30 g de farine – 15 cl de crème – 30 g de fromage râpé – beurre – sel, poivre.

1. Rincez et râpez la courgette.
2. Fouettez les œufs avec la crème, le sel et le poivre. Incorporez la farine, le fromage et la courgette râpée.
3. Déposez une petite louche de pâte dans une poêle chaude légèrement beurrée.
4. Faites cuire 4 minutes de chaque côté.

Le petit plus de la paresseuse
Vous pouvez remplacer la courgette par du potiron, de la patate douce ou, bien entendu, des carottes.

Cœurs coulants au fromage et au miel

La version sucrée-salée du fameux mi-cuit…

Pour 4 petits moelleux
2 œufs – 15 cl de lait – ⅓ de camembert – 20 g de fromage râpé – 20 g de beurre – 2 c. à s. de farine – 4 c. à c. de miel – ¼ de sachet de levure chimique – sel, poivre.

1. Préchauffez le four à 210 °C (th. 7).
2. Battez les œufs avec le lait et le beurre fondu. Ajoutez le fromage râpé, la farine et la levure. Salez, poivrez.
3. Remplissez-en les alvéoles d'un moule à muffins à moitié. Placez un morceau de camembert et couvrez d'une cuillerée de miel. Recouvrez de pâte.
4. Enfournez 15 minutes.

Le petit plus de la paresseuse

Vous pouvez remplacer le camembert par du mont-d'or ou du chèvre, et vous préparer une petite salade de noix pour aller avec.

Fondants au citron

Une bouchée idéale pour finir le repas sur une texture tendre et une saveur acidulée… Parfaite pour stimuler les esprits sans les échauffer !

Pour une dizaine de petits fondants
50 g de beurre mou – 75 g de sucre – 65 g de farine – 2 œufs – 1 citron – ½ sachet de levure chimique.

1. Préchauffez le four à 180 °C (th. 6).

2. Zestez et pressez le citron. Séparez les jaunes d'œufs des blancs. Battez les jaunes avec le sucre jusqu'à ce que le mélange blanchisse. Incorporez le beurre. Versez d'un coup la farine, la levure et les zestes de citron. Délayez avec le jus de citron.

3. Battez les blancs en neige ferme et incorporez-les délicatement.

4. Versez la préparation dans les alvéoles beurrées d'un moule à financiers.

5. Enfournez 15 minutes.

Le petit plus de la paresseuse

Pour jouer encore plus la carte du tout fondant, ajoutez des pépites de chocolat dans la préparation.

La box avocat

Faut-il vous rappeler d'où l'avocat tient son nom ? Allez, si vous ne l'avez pas déjà lu partout, « avocat » vient de *aguacate* en espagnol, qui vient de *ahuacatl* en langue amérindienne, qui signifie « testicule »… Non, ce n'est pas tiré par les poils.

Entrée : California rolls
Plat : salade 5 nuances de vert
Dessert : petites crèmes avocat-banane

California rolls

Ces petites bouchées inspirées des sushis et revisitées à la sauce hollywoodienne font fureur…

Pour une douzaine de rolls
100 g de riz à sushis – 15 cl de vinaigre de riz – 1 c. à s. de sucre – 2 c. à c. de graines de sésame noir – 2 feuilles de nori – 1 avocat – 20 g de cream cheese *(ou Saint-Môret) très froid – 1 boîte de miettes de crabe – sel, poivre.*

1. Rincez le riz. Versez-le dans une casserole, couvrez d'eau froide et portez à ébullition. Baissez le feu et faites cuire à couvert pendant 12 minutes. Coupez le feu et laissez le couvercle sur la casserole pendant 15 minutes. Laissez refroidir.
2. Mélangez le vinaigre, le sucre et une pincée de sel. Incorporez au riz.
3. Épluchez, dénoyautez et coupez l'avocat en petits dés. Coupez le fromage très froid en petits dés. Égouttez le crabe.

4. Posez une feuille de nori sur une planche couverte de film alimentaire. Étalez le riz avec vos doigts mouillés de vinaigre. Saupoudrez de graines de sésame. Recouvrez d'une feuille de nori et garnissez le centre de fromage, d'avocat et de crabe. Roulez délicatement.

5. Placez au réfrigérateur pendant 30 minutes avant de tronçonner à l'aide d'un bon couteau bien aiguisé.

Le petit plus de la paresseuse

Vous pouvez remplacer le crabe par du saumon fumé, des crevettes, des Saint-Jacques en tartare ou du thon à l'huile égoutté.

Salade 5 nuances de vert

Une salade pleine de l'espoir de conclure avec l'être désiré… Et de lui en faire voir ensuite de toutes les couleurs.

Pour 2 portions

1 avocat – 1 poignée de haricots surgelés – 1 poignée de petits pois surgelés – 4 feuilles de laitue iceberg – 1 dizaine de grains de raisin – 1 c. à s. de vinaigre de Xérès – 2 c. à s. d'huile d'olive – sel, poivre.

1. Plongez les haricots et les petits pois encore surgelés dans l'eau bouillante salée pendant 5 minutes. Égouttez.

2. Lavez et ciselez les feuilles de laitue iceberg. Rincez les grains de raisin. Épluchez, dénoyautez et coupez l'avocat en tranches.

3. Mélangez tous les ingrédients, salez, poivrez et arrosez de vinaigre et d'huile d'olive.

Le petit plus de la paresseuse

Vous pouvez remplacer les petits pois par des fèves et ajouter toutes les herbes ciselées que vous voulez : coriandre, persil, aneth, ciboulette…

Petites crèmes avocat-banane

Couleur pistache, saveur exotique, texture douceur… Un petit dessert pour surprendre et envoûter.

Pour 2 petits pots
1 banane – 1 avocat – 1 c. à s. de sucre – ½ citron vert.

1. Épluchez, dénoyautez et coupez l'avocat en dés. Épluchez la banane et tronçonnez-la en grosses rondelles.
2. Mixez finement avec le sucre et le jus de citron vert.

Le petit plus de la paresseuse

À la maison, ajoutez une cuillerée de crème fraîche et passez 1 heure au congélateur pour faire un semifreddo idéal pour accompagner un moelleux au chocolat.

La box passion

Dans le nom de ce fruit-là, tout est dit : de la vitamine C, une fragrance enivrante, une saveur sucrée-acidulée, une texture sensuelle… La passion met le feu dans votre box !

Entrée : tartare passion de dorade
Plat : ballottines de dinde au fruit de la passion
Dessert : tartelettes aux fruits de la passion

Tartare passion de dorade

Cru, salé, sucré, épicé, des saveurs et des textures d'une sensualité à tomber.

Pour 2 portions
100 g de filet de dorade – 3 fruits de la passion – ½ citron – 2 c. à s. d'huile d'olive – 1 bouquet de coriandre – 1 bouquet d'aneth – 1 échalote – sel, poivre.

1. Détaillez la dorade en tout petits dés.
2. Coupez les fruits de la passion. Prélevez la chair et le jus. Mélangez à l'huile d'olive et au jus de citron. Ajoutez les herbes lavées et ciselées. Salez, poivrez.
3. Faites mariner les dés de dorade pendant 30 minutes.

Le petit plus de la paresseuse
Sachez que le fruit de la passion, parfait pour les marinades, fait aussi des merveilles dans les vinaigrettes.

Ballottines de dinde au fruit de la passion

Les dindes ont un cœur, vous savez… Un cœur rempli de passion !

Pour 2 portions

2 escalopes de dinde – 4 tranches de bacon – 2 fruits de la passion – 1 tranche d'ananas – beurre – sel, poivre.

1. Coupez les fruits de la passion et prélevez la chair. Coupez la tranche d'ananas en tout petits quartiers.

2. Posez les escalopes sur un rectangle de film alimentaire. Couvrez avec 2 tranches de bacon. Garnissez de pulpe de fruit de la passion et de petits dés d'ananas. Salez, poivrez.

3. Enroulez fermement les escalopes fourrées dans le film alimentaire. Fermez comme un bonbon sur les côtés.

4. Faites cuire 20 minutes dans un panier vapeur. Laissez refroidir.

5. Déroulez les ballottines et faites-les dorer 1 minute sur toutes les faces dans une poêle chaude avec une noix de beurre.

Le petit plus de la paresseuse

Faites varier cette recette de ballottines à l'envi avec une garniture de champignons, de pruneaux, de petits légumes…

Tartelettes aux fruits de la passion

Comme une réinterprétation paradisiaque de la tarte au citron… À meringuer ou non.

Pour 4 tartelettes

1 pâte brisée – 6 fruits de la passion – 1 œuf – 100 g de sucre – 10 g de beurre – 30 g de Maïzena.

1. Préchauffez le four à 180 °C (th. 6).

2. Tapissez le fond des moules à tartelettes de pâte brisée et faites cuire à blanc pendant 10 minutes.

3. Coupez les fruits de la passion et prélevez le jus et la pulpe (sans les graines). Faites chauffer avec le sucre. Hors du feu, incorporez l'œuf et la Maïzena avec le beurre. Faites épaissir à feu doux.

4. Garnissez les fonds de tartelettes.

Le petit plus de la paresseuse

Si vous voulez meringuer vos tartelettes, préchauffez le four à 240 °C (th. 8). Battez 2 blancs d'œufs en neige ferme en incorporant 3 c. à s. de sucre en pluie. Nappez les tartelettes et enfournez 5 minutes.

La box artichaude

On aurait aussi pu l'appeler la box Médicis, car c'est bien la grande coquine Catherine qui a introduit à la cour ce sulfureux légume, dont on disait alors qu'il échauffait le sang des dames.

Entrée : artichauts poivrades marinés
Plat : gratin de cœurs d'artichauts
Dessert : gâteau archi-chaud (fondant chocolat-piment)

Artichauts poivrades marinés

Ce sont les petits hors-d'œuvre à l'italienne qui font rêver d'un week-end en amoureux du côté de la Toscane…

Pour 2 portions
3 artichauts poivrades – 2 citrons – 5 cl de vin blanc – 2 gousses d'ail – 10 cl d'huile d'olive – sel, poivre.

1. Parez les artichauts et coupez la partie la plus dure des feuilles au sommet. Coupez-les en quatre dans le sens de la hauteur et retirez le foin. Arrosez de jus de citron.
2. Plongez les artichauts dans un grand volume d'eau bouillante salée et poursuivez la cuisson pendant 10 minutes. Égouttez.
3. Arrosez de vin blanc, couvrez d'huile d'olive, pressez la gousse d'ail, salez, poivrez et laissez mariner au moins 1 heure.

Le petit plus de la paresseuse
Donnez du goût à votre marinade : estragon, piment d'Espelette, tomates séchées sont les bienvenus…

Gratin de cœurs d'artichauts

Cuisinez les cœurs aux petits oignons…

Pour 2 portions
4 fonds d'artichauts – 1 oignon – 1 poignée de champignons de Paris – 60 g de fromage râpé – 5 cl de vin blanc – 15 cl de crème – beurre – sel, poivre.

1. Préchauffez le four à 180 °C (th. 6).
2. Épluchez et émincez finement l'oignon. Émincez les champignons. Faites revenir les oignons dans une poêle chaude

légèrement huilée. Quand ils commencent à blondir, ajoutez les champignons. Déglacez au vin blanc, salez, poivrez et arrosez de crème. Poursuivez la cuisson à feu doux 3 minutes.

3. Beurrez le fond de deux petits moules à gratin. Disposez les fonds d'artichauts. Couvrez de crème à l'oignon et aux champignons. Saupoudrez de fromage râpé.

4. Enfournez 10 minutes.

Le petit plus de la paresseuse

Laissez libre cours à votre imagination pour la garniture à la crème : dés de tomate, de poivron, de carotte ou de potiron, lardons…

Gâteau archi-chaud (fondant chocolat-piment)

Pas d'artichaut dans ce gâteau épicé. Juste un jeu de mots.

Pour 1 gâteau à partager

100 g de chocolat pâtissier – 80 g de beurre fondu – 50 g de sucre – 2 œufs + 1 jaune d'œuf – 2 c. à s. de farine – 1 c. à c. de piment d'Espelette.

1. Préchauffez le four à 180 °C (th. 6).

2. Faites fondre le chocolat au bain-marie.

3. Fouettez le beurre avec le sucre jusqu'à ce que le mélange blanchisse. Incorporez les œufs, la farine et le piment.

4. Versez dans un moule à gâteau beurré et fariné et enfournez 20 minutes.

Le petit plus de la paresseuse
Vous pouvez pimenter encore davantage ce fondant en ajoutant ½ c. à c. de gingembre moulu.

La wedding box

Bientôt la noce ? Qu'allez-vous offrir à manger à vos convives ? Testez vos recettes du jour J avec votre lunch box.

Entrée : flans de saumon aux asperges
Plat : sandwichs noces de campagne
Dessert : choux à la crème caramel

Flans de saumon aux asperges

Simplicité, bon goût, élégance… Comme votre robe et votre alliance !

Pour 2 flans
1 gros pavé de saumon – 4 pointes d'asperges vertes – 1 échalote – 10 cl de crème – 1 œuf – sel, poivre.

1. Préchauffez le four à 210 °C (th. 7).
2. Faites précuire le saumon à la vapeur pendant 5 minutes. Laissez refroidir et coupez en petits dés.
3. Ébouillantez les pointes d'asperges pendant 1 minute. Égouttez.
4. Épluchez et émincez finement l'échalote.

5. Mélangez l'œuf et la crème avec l'échalote et le saumon. Salez, poivrez. Versez dans des cassolettes individuelles et couvrez avec les pointes d'asperges.

6. Enfournez 25 minutes.

Le petit plus de la paresseuse

Pour une entrée un peu plus sophistiquée, vous pouvez faire fondre un petit blanc de poireau à la poêle et en tapisser le fond des cassolettes.

Sandwichs noces de campagne

C'est plutôt le sandwich du lendemain, qu'on se cuisine avec les restes du repas de la noce et qu'on dévore à l'ombre des arbres en se remémorant les meilleurs moments de la fête.

Pour 2 sandwichs

1 baguette fraîche – du pâté de campagne à volonté – ½ pomme – 1 c. à s. de raisins secs – 4 cornichons.

1. Coupez la baguette en deux et fendez chaque moitié dans le sens de la longueur.

2. Pelez, épépinez et râpez la pomme. Coupez les cornichons dans le sens de la longueur.

3. Tartinez l'intérieur des morceaux de baguette de pâté de campagne, disposez les cornichons et les raisins secs, puis la pomme râpée.

Le petit plus de la paresseuse
Un régal avec du vrai bon pain de campagne, à la mie dense et à la croûte craquante.

Choux à la crème caramel

Comme dérobés en loucedé sur la pièce montée…

Pour 1 douzaine de choux
80 g de beurre – 125 g de farine – 25 cl d'eau – 3 œufs – 1 c. à c. de sucre – ½ c. à c. de sel.

Pour la crème au caramel
50 cl de lait – 50 g de sucre – 50 g de farine – 3 jaunes d'œufs – 2 c. à s. de Salidou (crème de caramel au beurre salé).

1. Préchauffez le four à 200 °C (th. 6-7).
2. Faites fondre le beurre dans une casserole. Ajoutez l'eau, le sucre et le sel. Versez la farine d'un coup et mélangez jusqu'à ce que la pâte se décolle des parois. Hors du feu, incorporez les œufs.
3. Déposez des petits tas de pâte sur une plaque à biscuits couverte de papier sulfurisé. Enfournez 25 minutes.
4. Préparez la crème pâtissière au caramel : mélangez dans une casserole le sucre, la farine et les œufs. Faites chauffer à feu doux en incorporant progressivement le lait. Dès que la crème a épaissi, coupez le feu et incorporez le Salidou.
5. Garnissez les choux de crème au caramel à l'aide d'une poche à douille.

Le petit plus de la paresseuse

Faites vous-même votre Salidou en faisant fondre 100 g de sucre à sec. Dès que le caramel prend une teinte blonde, ajoutez 50 g de beurre salé et 20 cl de crème fraîche. Faites épaissir à feu doux sans cesser de remuer.

La box no-way-mon-gars

Last but not least, une box un peu potache qui devrait décourager définitivement Roger du service courrier de vous faire des avances.

Entrée : salade d'herbes à l'ail
Plat : munsters en croûte
Dessert : crèmes au café

Salade d'herbes à l'ail

Si vous sortez de cette entrée sans rien de vert entre les dents et avec une haleine de bébé, c'est peut-être que votre cœur est en train de vous dire qu'en fait, pourquoi pas, avec Roger du service courrier.

Pour 2 portions

1 poignée de mesclun – 1 branche de persil – 1 bouquet de coriandre – 1 botte de cerfeuil – 2 gousses d'ail – 1 c. à c. de moutarde à l'ancienne – 1 c. à s. de vinaigre balsamique – 2 c. à s. d'huile d'olive – sel, poivre.

1. Rincez et ciselez le cerfeuil, la coriandre et le persil. Rincez et essorez le mesclun. Mélangez avec les herbes.

2. Préparez une vinaigrette en mélangeant l'ail pressé avec la moutarde et émulsionnez avec le vinaigre et l'huile. Salez, poivrez.

Le petit plus de la paresseuse

Bon, si vous avez rendez-vous avec Louis, le beau gosse du service informatique, après votre lunch avec Roger du service courrier, prévoyez les cure-dents et quelques feuilles de menthe à mâcher.

Munsters en croûte

Le chèvre chaud dans sa version dynamitée !

Pour 2 chaussons au munster

1 pâte feuilletée – ½ munster – 1 jaune d'œuf – sel, poivre.

1. Préchauffez le four à 210 °C (th. 7).

2. Coupez la pâte feuilletée en deux. Posez ¼ de munster sur un côté de chaque moitié de pâte feuilletée. Repliez l'autre côté en chausson. Dorez au jaune d'œuf en insistant sur les jointures du chausson.

3. Enfournez 25 minutes.

Le petit plus de la paresseuse

Croquez ces chaussons avec la salade d'herbes ci-dessus. Alors, Roger, il sublime toujours ?

Crèmes au café

Achevez de ruiner votre haleine avec une crème caféinée servie avec un expresso bien serré !

Pour 2 petites crèmes
15 cl de lait – 10 cl de crème – 1 c. à s. de sucre – 1 c. à s. de café lyophilisé – 1 c. à s. de Maïzena.

1. Délayez le sucre et la Maïzena dans la moitié du lait. Faites bouillir l'autre moitié avec la crème. Ajoutez le café et le mélange sucre-Maïzena.
2. Laissez épaissir à feu doux pendant 5 minutes. Versez dans des petits pots et laissez prendre 2 heures au réfrigérateur.

Le petit plus de la paresseuse
Dites-lui enfin la vérité : « Non, Roger, je n'ai pas envie d'aller avec toi prendre un café, ni à la piscine, ni au ciné, ni à Ibiza. » Vous ne gagnerez pas le prix de camaraderie, mais vous gagnerez en tranquillité.

5 petits plus pour séduire avec sa box

1. Pique-niquez (!) romantique.

La salle de réu du troisième, c'est pratique. Mais les sièges sont un peu rudes sous les fesses, la déco un poil froide et cette fouine de Marguerite du marketing peut débarquer à tout instant, car elle cherche partout son stylo spécial tableau blanc. Embarquez votre coboxeur ou coboxeuse dans un joli jardin, sur le toit d'un immeuble, dans une petite impasse arborée…

2. Mettez les formes.

Vos formes sont un atout. Donnez de belles formes aussi à vos petits menus. Utilisez des moules à gâteau en cœur et des emporte-pièces en étoile pour façonner vos brioches, muffins et autres biscuits. Ne lésinez pas sur la déco : les herbes et les épices sont vos amies. Pensez au jus de citron qui empêche les légumes et les fruits de s'oxyder. Tempérez toujours votre chocolat de couverture pour qu'il soit lisse et brillant. Bref, assurez-vous que c'est appétissant.

3. Mettez le couvert.

Si vous voulez remettre le couvert avec un ex que vous avez invité à lunch-boxer, commencez par le mettre, le couvert : le principe de la lunch box est de mettre les grands plats dans les petits, mais rien n'interdit de venir pique-niquer avec son argenterie et ses serviettes bien repassées. C'est même très *mix & match*, dans l'esprit.

4. Cachez des surprises.

Comme Peau d'Âne glissant un anneau dans son gâteau, laissez des petits cadeaux dans la lunch box de l'être aimé. Un petit Post-it avec un bout de poème griffonné, son petit bonbon préféré, un ticket de ciné pour le soir même, une photo de vous dans la tenue que vous voulez…

5. Entretenez le désir.

Même quand l'affaire est conclue, ne perdez pas l'habitude de sortir pique-niquer en amoureux ou de vous retrouver à l'heure du déj autour de petits plats maison. Ces moments partagés entretiennent le plaisir d'être ensemble, souvent sacrifié le soir une fois qu'on a une portée dont il faut s'occuper pendant le tunnel bain-biberon-histoire…

Table des recettes

Table des matières

Pour l'éditeur, le principe est d'utiliser des papiers composés de fibres naturelles, renouvelables, recyclables et fabriquées à partir de bois issus de forêts qui adoptent un système d'aménagement durable.
En outre, l'éditeur attend de ses fournisseurs de papier qu'ils s'inscrivent dans une démarche de certification environnementale reconnue.

Photocomposition Nord Compo

Imprimé en Italie par Lego Lavis
Dépôt légal : juin 2013
ISBN : 978-2-501-08606-6
Codif : 4130 100